歴史文化ライブラリー
280

明治外交官物語

鹿鳴館の時代

犬塚孝明

吉川弘文館

目　次

野蛮と文明――プロローグ

春の一日、霞ヶ関にある潮見坂《しおみざか》を歩いてみた。外務省脇にある桜が美しい。外務省を右手に見ながら北西の方角へ坂を上ると国会議事堂が姿を現わす。かつてはここも外務省用地であった。坂の上から南東方向へ目を転じると日比谷のビル街が見える。中世のころ日比谷のあたりは海であった。坂を上れば海が見えた。潮見坂の由来である。

江戸城が築かれるとき、堀の揚げ土で日比谷入江は埋め立てられ、そこに大名屋敷が軒を並べるようになった。維新後に大方の屋敷はとりこわされ、日比谷は陸軍の練兵場となる。北側台地にあった福岡藩邸は残った。外務省がここに移ったのは明治三年（一八七〇）十二月である。すでに百三十九年の歳月が経つ。潮見坂は長い外務省の歴史を見つめ続けてきた。

図1　現在の潮見坂

外務省の歴史は明治外交にはじまった。そのことに異論を唱える者はいないであろう。しかし、明治の外交が攘夷《じょうい》にはじまったといえば奇妙に思う人もいるに違いない。なぜ攘夷が外交に結びつくのか。そこから明治の外交を考えてみたい。

攘夷とは、「夷狄《いてき》」すなわち外国人を打ち払うことである。外国そのものを敵と考え、力をもって掃討してしまおうという、いわば感情論である。この場合、外国とは具体的に西洋諸国をさす。もともと中華思想に端を発し、西洋と日本を「野蛮と文明」という文脈の中で捉《とら》えていた。十八世紀末になって、日本沿岸に外国船が頻繁に姿を現すようになると、外国の侵略から国を守らねばならぬという海防思想と、神聖な国を野蛮な外国人の手で穢《けが》してはならぬとする神国思想とが一緒になって「攘夷」という考えが生まれる。

攘夷思想は、日本人の自尊心と狭義のナショナリズムが土台となっている。理性より感情が優先された考え方である。

十九世紀半ば、黒船来航で日本は西洋諸国の文明の力を知らされる。いやおうなしの開国は、攘夷の感情を煽《あお》りこそすれ、人々からその考えを取り除くことはできなかった。ひと言でいえば、幕末の外交は攘夷との闘いであった。

明治の外交もその闘いを引き継ぐ。開国は人間の理性において正しい行為なのだと、人々にわからせる必要があった。西洋は「野蛮」ではなく、「文明」なのだということを。明治国家はさまざまな西洋「文明」の仕掛《しか》けを考え出しては、その仕掛けに人々を引き込もうと努力を重ねた。西洋の模倣《もほう》からはじまった仕掛けは、人々を巻き込みながら西洋化された「新文明」を、日本の各分野に創り出していく。それは、人々が攘夷の観念から解き放たれ新たな自尊心を自分たちに取り戻していく過程でもあった。

明治の外交も西洋の模倣からはじまり、独自の西洋化された「新文明」を切り拓いていく。その重い責任を担うのは、攘夷がいかに愚昧《ぐまい》な考えであるかを知り抜いた人たちであった。本書に登場する寺島宗則《てらしまむねのり》、井上馨《いのうえかおる》、中井弘《なかいひろし》、鮫島尚信《さめしまなおのぶ》、森有礼《もりありのり》、原敬《はらたかし》は、いずれもそうした人々である。彼らは昨日まで夷狄、野蛮として排斥《はいせき》し、侮蔑《ぶべつ》した西欧文明を、今日には模倣し、学習すべき相手として理解しなければならなかった。「野蛮と文明」の逆転現象は、彼らに途轍《とてつ》もない精神的な苦痛を強いる。いわば彼らは野蛮と文明との葛藤《かっとう》に生きた人たちであった。

明治二年（一八六九）に開かれた公議所の討議で、公議人たちが外国人を「バーバリアン」（野蛮人）と呼びすてたと英国公使パークスが怒れば、明治十年（一八七七）にパリに遊んだ井上馨は、女性を尊敬しないからわれわれは「バーバリアン」だと自嘲する。両者互いに相手の土俵の上で野蛮か文明かを競い合っているにすぎない。

日本の外交を主導する立場にあった井上馨は、近代文明の象徴として鹿鳴館《ろくめいかん》を造った。単に欧米諸国との不平等条約を改正する目的のためだけに、西洋を模倣した館を建てたわけではない。それが皮相な欧化主義だといかに批判されようと、井上が鹿鳴館を造ったことにより、明治外交は条約改正において一定の方向性を欧米諸国に示すことができたし、好むと好まざるとにかかわらず、国民生活全般に西洋の文明が行き渡るようになった。上からの西洋化の波が庶民の閉鎖性を打ち砕いていく。あらゆる場所、場面で「西洋」と交わることが、近代国家をめざす日本にとっては必要であった。そうした西洋化の動きは、伝統的な日本人の感性に背《そむ》きつつも、外からの変化に支えられて、しだいしだいに日本の風土に根づくようになっていく。それが新たな文明であった。

洋学者西村茂樹《にしむらしげき》は、攘夷を「第一の原質《げんしつ》」、文明開化を「第二の原質」と呼び、二つの原質が相異なること、あたかも、「黒白氷炭《こくびやくひようたん》」のようであるが、それが同時に政府と人民の上に集合し来たったのは、実に「不可思議の事」と『明六雑誌《めいろくざつし》』に書いた。が、その不可思議性の中から独自の文化が生み出され、同時に欧化を真似た滑稽が生まれる。明治外交の一時代を画した鹿鳴館は、まさにその不可思議性の産物であった。

明治維新から太平洋戦争、そして戦後に至るまでわれわれは「野蛮と文明」を、その時どきの情況に応じて置き換えてきた。一国の外交がその国の文化や伝統と切り離して考えることができないのは当たり前である。明治前半の外交を記す時、「欧化と伝統」、「野蛮と文明」の問題を抜きにしては語れない。本書では、「野蛮と文明」というコンテクストの中で、明治外交を切り拓いた人々の苦闘する姿と、新しい文明を生むきっかけを創り出した外交の「場」という視点から、明治前半期の外交を描いてみようと思う。

外国交際事始め

攘夷と開国のはざまで

神戸事件の勃発

その日、冬晴れの神戸は寒かった。前年末に開港したばかりの神戸には多くの外国人の姿があった。各国の外交代表も京都や大阪での戦乱を避け、神戸に仮の公館を設けて移り住むようになった。退屈しのぎに居留地界隈《きよりゆうちかいわい》を散策しては、時おり街道を通る大名行列や藩兵たちの行軍をもの珍しげに見物する者もいた。

慶応四年（一八六八）一月十一日の昼すぎであった。

西宮《にしのみや》警備に向かう備前藩《びぜんはん》兵の隊列が、外国人居留地の北側にある街道を整然と進む。道幅はわずかに二間《けん》ほど。かなりせまい。行列が三宮《さんのみや》神社の前にさしかかったところで、二人の外国人が隊列を割って横切ろうとした。「供割《ともわり》」は日本の習慣では無礼《ぶれい》行為である。藩兵たちが制止するのも聴かずに、外国人たちは強引に横切った。これを見た砲隊長の瀧《たき》善三郎《ぜんざぶろう》は、「無礼者」の声を発すると、手槍をもって外人の背中に一撃を加えた。驚いたその外人は近くの民家に逃げ込み短銃を構える姿勢を見せた。瀧の命令で一部の兵士が射撃をはじめる。

居留地を巡回中であった英国公使ハリー・パークスのもとに報らせが届く。怒ったパークスはただちに港内に碇泊中の英・仏軍艦に連絡して陸戦隊を上陸させ、備前藩兵に対し攻撃をしかけた。双方の撃ち合いが続く。本格的な戦闘へ拡がることを恐れた主将の家老日置帯刀《ひきたてわき》は、戦闘中止を命じて藩兵を山手方面へと引き揚げさせた。世に言う神戸事件である。

小一時間ほどの銃撃戦であったが、新政府、列強諸国ともにその衝撃は大きかった。新政府の外交方針を開国和親へと転換させる最大のチャンスと見たパークスは、各国の代表と相談して、港内に碇泊していた諸藩の艦船六隻を抑留《よくりゆう》したうえで、神戸の中心部を占拠し軍事統制を布《し》いた。西欧列強の軍事的な圧力を前に新政府首脳は列国側の要求をすべて受け入れ、開国和親の方針を布告することを約束すると同時に、国際法にのっとり備前藩の責任者を厳しく処罰すると誓った。

外国事務担当の参与東久世通禧《ひがしくぜみちとみ》が勅使に選ばれ、同役の岩下方平《いわしたみちひら》、寺島宗則《てらしまむねのり》、伊藤博文《いとうひろぶみ》らを従えて神戸へ赴き、一月十五日、列国代表の前で王政復古の勅書を読み上げた。勅

図2　東久世通禧（横浜開港資料館所蔵）

書には、これからは天皇が自ら「内外政事」をつかさどり、これまでの外国との条約は将軍の名称に換えて天皇の名が使われることが明確に記されてあった。

日本語通訳官であった英国のアーネスト・サトウは、この時の東久世の印象を次のように書きとめている。

　東久世は日本人としても小柄の方であったが、眼光は炯々《けいけい》とし、歯は不ぞろいで、宮廷貴族のつける黒い染料（オハグロ）はまだすっかり取りきれてはおらず、話すときに吃《ども》る癖があった（『一外交官の見た明治維新』下）。

同じ日に、国内に対しても開国和親の外交方針が表明され、これからの外国との交際はすべて国際法に準じて行なうことが約束された。開国和親の布告書といわれている。

神戸事件についても国際法が適用された。列国に全面的に謝罪し、備前藩を説得、二月九日、責任者の瀧善三郎は列国側代表者が見守るなか、武士の作法どおり見事に切腹を果たした。死に臨んで瀧は周りに部下の者たちを集め、外国人を恨むことなく二度と襲撃するような愚行をしてはならない、と彼らを戒めたという。切腹に立ち会ったサトウは言う。
切腹《ハラキリ》はいやな見世物ではなく、きわめて上品な礼儀正しい一つの儀式で、イギリス人がよくニューゲート監獄の前で公衆の娯楽のために催すものよりも、はるかに厳粛なものだ。この罪人と同藩の人々は私たちに向かって、この宣告は公正で、情けあるものだと告げたのである（前掲書）。

いずれにしても、この神戸事件をめぐる外交交渉を通じて、新政府は列強諸国の信頼を勝ち得、新しい政権として国際的な承認を得ることに成功した。だが同時に、それは西洋諸国の方法に倣《なら》った近代外交の幕開きでもあった。これ以降、新政府の外交を担う人たちは、国家としての威信を傷つけることなく、どのようにすれば日本を平等な形で国際社会に仲間入りさせることができるのか、ということに心を砕くようになるのである。

「外国事務掛」の設置

慶応三年（一八六七）十二月九日に「王政復古の大号令」が発せられ、京都に朝廷を中心とした新政権が成立したとき、世上一般の人びとは、もとのように攘夷鎖国の世に戻ると信じていた。その意味でも一月十五日の開国和親の布告書は彼らを驚かせ、ひどく失望させた。

列国外交団の信頼を回復し、一般の人びとに攘夷鎖国への望みを捨てさせるためにも、早急に外交をつかさどる専門の政府機関を設ける必要があった。一月九日、「外国事務掛《がかり》」と称する専門部署が大阪に置かれ、議定《ぎじょう》仁和寺宮嘉彰《にんなじのみやよしあき》親王が軍事総裁兼任のまま外国事務総裁に就任、議定三条実美《さんじょうさねとみ》、参与東久世通禧、同岩下方平、後藤象二郎《ごとうしょうじろう》らがそれぞれ外国事務取調掛《とりしらべがかり》となって外交事務を担当することとなった。さらに十二日には、議定伊達宗城《だてむねなり》が外国事務副総裁に就任、寺島宗則も外国事務取調掛に任じられた。寺島は薩摩藩出身、幕末二度の渡欧経験があり、英語が巧みなことから外国人との交渉事《ごと》にも慣れていた。渡欧した際に、英国政府の支援を得るため外務大臣にかけ合うなど、倒幕へ向けた外交工作に従事したこともあった。今回の任命は、神戸事件の処理にあたって、強硬姿勢の英国公使パークスとも直接渡り合える人物が必要だったからである。

寺島は就任早々に参与吉井友実《よしいともざね》と神戸へ赴き、パークスやサトウと会談し開国和親についての新政府の外交方針を説明、彼らの了解を求めている。神戸事件交渉中の十三日、京都の九条邸に「太政官代《だじょうかんだい》」が設けられた。今でいう中央官庁である。ついで十七日には官制が定められ、政府内に三職七科が置かれることとなった。三職とは総裁《そうさい》・議定《ぎじょう》・参《さん》与《よ》のことで、七科は行政機関をさし、神祇《じんぎ》、内国、外国、海陸軍、会計、刑法、制度の各科である。中央政府としての機構、体裁がとりあえず整ったわけである。

外国事務科の仕事は、外国との交渉、条約や貿易の事務、開拓、植民などの実務関係が主であった。山階宮晃《やましなのみやあきら》親王以下四人の議定が改めて外国事務総督に任じられ、参与七名が事務掛となって実務を担当した。これまでの岩下、後藤、寺島に加え、五代友厚《ごだいともあつ》、町田《まちだ》久成《ひさなり》、伊藤博文、井上馨の四人が新たに任命されている。彼らがいわば維新後最初の外務官僚となる。後藤を除いていずれも幕末に海外へ留学した経験を持ち、今後日本外交の中枢を担っていく人たちである。

アーネスト・サトウが伊藤を引き合いに出して面白いことを言っている。権威に対する日本人の服従心についてである。

日本の下層階級は支配されることを大いに好み、権能をもって臨む者には相手がだれであろうと容易に服従する。ことにその背後に武力がありそうに思われる場合は、それが著しいのである。伊藤には、英語が話せるという大きな利点があった。これは、当時の日本人、ことに政治運動に関係している人間の場合にはきわめてまれにしか見られなかった教養であった（前掲書）。

サトウが言うように、確かに「英語が話せる」ことが彼ら外務官僚にとって大きな強味であった。日本人にとって語学の力は自分の権威づけのためにも大いに役立つようになるのである。英語が知識人の教養と見なされる時代がやがてやってくる。

二月三日、政府機構はさらに改まり、三職八局制となる。外国事務科は外国事務局と名を改め、事務掛の職名も判事《はんじ》に変わった。このとき、判事となった者に、井関盛艮《いせきもりとめ》、大隈《おおくま》重信《しげのぶ》、陸奥宗光《むつむねみつ》がいる。いずれも後年の大物である。

同七日、越前《えちぜん》・土佐《とさ》・長州《ちょうしゅう》・薩摩《さつま》・安芸《あき》・肥後《ひご》の六藩主から外交方針の確立と列国外交代表の天皇謁見を求めた建言書《けんげんしょ》が新政府へ提出された。その中で彼らは、朝廷がはじめて「外国事務の官職」を設け、その人を選び尽力しているのは、「天下の人をして方向する所を知らしめ」ようとの趣意からであろう、と一般の人びとが攘夷の考えから早く抜け出せるように、外交の担当者が一丸となって努力すべきを説く。そして、天皇自らが、これまで西洋の国々を「犬羊戎狄《けんようじゅうてき》」と唱えてきた愚論を廃して、彼らを中国と同じく文明国と見なし、「万国普通の公法」によって各国代表に参朝を命じ、その旨《むね》を内外へ布告すれば、国民一般も攘夷を捨て開国和親の方向へと考えを変えていくであろうと論じた。

国民が攘夷の迷夢から覚めることができるかどうかは、偏《ひと》えに外国事務局の人びとの努力いかんにかかっている、との熱い想いがそこには込められていた。

初の列強との交渉

この建言をうけて、外国事務総督の伊達宗城と東久世通禧は、大阪裁判所総督の醍醐忠順《だいごただおさ》とともに、二月十四日、大阪西本願寺において各国代表と会見、外国事務局の設置を告げ、今後外国との交渉事務、両国民の交際についてはすべて同局で取り扱うことを伝え、近日中に天皇謁見の日取りも決めたいと述べた。

日本が列強諸国に外交専門機関の設置を正式に通告した最初である。ここから日本は名実ともに近代外交への第一歩を踏み出す。

大阪からの急報に接した京都の新政府では、副総裁の三条、岩倉具視《いわくらともみ》を中心に議定、参与の面々が集められ外国公使の謁見問題について評議が行われた。しかし異論百出して結論が出ず、ようやく夜に入って決定を見た。

まず、天皇が外国人と握手するなどもってのほかだという。いかに西洋の習慣とはいえ、わが臣民の手さえ握られない帝《みかど》が、異人の手を握るなどもったいなくも畏《おそ》れ多いことで、天照大御神《あまてらすおおみかみ》に対しても申し訳ないと騒ぎとなり、最後には天皇の御裁可を仰ぐことで決着がついた。天皇謁見は二月十八日と決まり、その達《たつし》が公卿諸侯に示された。

その内容が書かれた御沙汰書が発せられると朝廷内は騒然となった。天皇の生母で典侍《ないしのすけ》の中山慶子《よしこ》を中心に、奥向きの女官たちが大騒ぎをして猛反対を唱えた。異人を御所へ招くなど穢《けが》わしいばかりでなく、帝と御対面などもってのほかのこと。異人をあれほど嫌われた先帝に対しても申し訳がなく、先帝への御不幸ともなろう、と泣いて騒ぎ立てたという。

そこで東久世が彼女たちをなだめるため後宮へ出向く。説諭の内容がふるっている。

御意見ごもっともなれど、謁見を断れば自国の皇帝が凌辱《りょうじょく》されたと感じてどんな暴挙に出るやも計り難い。兵を引き連れ都へ撃ち入って京都を焼き払い、女どもを捕まえて異国へ連れて行くかもしれない。むろん御所も無事ではすむまい。万一異人に京都を奪われでもしたらそれこそ先帝に対して申し訳が立つまい。だからやむを得ず各国普通の習いにしたがい謁見を賜り、無事を繕《つくろ》うほかないのだ、と（『竹亭回顧録　維新前後』）。

話が前後する。

堺事件

慶応四年（一八六八）二月十五日の夕刻、東久世通禧は大阪上寺町のフランス公使館にいた。伊達宗城と一緒である。十八日に京都で天皇に謁見されたいとの要望を各国公使に伝えるためである。フランス公使のレオン・ロッシュは二人を晩餐《ばんさん》に誘いもてなした。宴もたけなわの九時すぎ、堺港で土佐藩兵とフランス水兵が衝突し死者が出たとの情報がもたらされた。堺事件である。詳細がわからぬまま、伊達はロッシュに遺憾の意を表し、外国事務局として責任を果たすつもりだと述べ公使館をあとにした。京都へ行く件については、天皇が実際に権力を掌握したかどうか証拠を見るまでは謁見はできないと言って、ロッシュははっきりと断っている。

東久世は堺へと馬を飛ばし、フランス水兵の死体引き揚げに立ち合った。伊達は引き続きイタリア・米国・プロシア・オランダの各公使館を廻り、最後に英国公使館にパークスを訪ねた。イタリア・米国・プロシアの三国公使は、時期の問題と、すぐに横浜へ帰る必要があるとの理由で謁見を断ったが、オランダ総領事ポルスブルックとパークスはこれを受け入れた。英国とオランダが要請に応じたのは、新政府が外国人を保護する力があると判断したためであり、一国の外交代表として天皇謁見を断るのは礼を失すると考えたからでもあった。

堺事件が起きたのは午後四時ごろであった。当時堺港にはフランス軍艦デュプレクス号とヴェニュス号が碇泊し測量に従事していた。神戸駐在の副領事ヴィオールとヴェニュス号のロワ艦長が日本の役人と一緒に大阪住吉から堺へ入ろうとしたところ、警備にあたっていた土佐藩兵から立ち入りを阻まれた。二人は抗議したが聞き入れられず、やむなく大阪へ引き返した。二人を迎えにデュプレクス号からランチが派遣されたが、予定の時刻になっても彼らが現れないため、乗組員二名が上陸して付近を散歩していたところ警備の土佐藩兵と衝突、藩兵たちは逃げるフランス兵たちを追ってランチに迫り一斉に射撃をはじめた。この銃撃で乗組員中の十一名が死亡、その他の者は負傷した。

図3　堺事件（ブリュネ画，横浜開港資料館所蔵）

堺駐在の土佐藩兵司令の報告書によると、「外夷」が上陸し乱暴を働き、寺社を穢《けが》すなど許し難い行為に及んだので、このまま帰せば「国辱」になると思い命令を待たずに発砲した、となっている。フランス側と土佐藩側の証言が食い違っていて真相はよくわからない。ただ、土佐藩士たちが明らかに攘夷の意識を抱いて行動に出たことだけは確かである。

翌十六日ロッシュは文明国の法則にあるまじき蛮行であるとして、日本政府を厳しく糾弾した。そして十九日に、フランス兵を殺した土佐藩士たちを三日以内に日仏両国人立ち会いのもとで処刑し、遺族へ賠償金を支払い、外交責任者と土佐藩主がともに陳謝することなどを要求してきた。各国公使もこれを支持した。さらにもし新政府がこれを容れない場合には強硬手段に出るかもしれないと威《おど》し、世界中が日本を文明国とは見なさなくなるであろうと警告した。神戸事件のときとまったく同じである。

新政府は窮地に陥った。多数の武士たちを殺さずに事件を解決する方法はないか、と三条と岩倉は現地の東久世と伊達に問い合わせている。東久世あての書簡にこうある。

要求書の第一条に「フランス人を殺した者はすべて打ち首にしろ」とあるが、三人とか五人とかですむ方法はないものか。もともと朝廷は攘夷主義である。このたび天皇御親政となったからには必ず攘夷の世に戻ると、天下の人びとは信じている。そのようなときに、わが方の暴挙とはいえ、六十余名の人命を奪えばどのような「変態大患《へんたいたいかん》」を世に生ぜしめるやも計り難い。今回の処置が「ほどよく」すめば、今後は外国人に対する乱暴狼藉《らんぼうろうぜき》も自然となくなるに違いない。そうなればかえって外国との交際の道も拓けてくるであろう。そのあたりの事情をよく踏まえて列国との交渉に臨んでほしい（慶応四年二月二十一日付）。

「三職達」の発令

これより先、事件の翌々日の十七日、新政府は国民一般の間に根強く残る鎖国攘夷の旧弊を取り除くため、長文の「三職達」を発して、外国との和親を望む天皇の意志を尊重して王事に励むよう要望した。それに言う。

日本が諸外国と結んだ条約は妄《みだ》りに動せないのが「万国普通の公法」の決まりであり、今さら朝廷がこれを変えれば、かえって信義を海外に失うこととなり、実に容易ならざる大事となろう。だからやむを得ず幕府が結んだ条約をもって朝廷も諸外国と和親を通じたのである。今回の外国公使たちの入京も、「古今の得失」と「万国交際の宜《よろしき》」を考え合わせて聴許されたものである。われわれが急務とすべきは時勢に応じて「活眼」を開き、これまでの「弊習《へいしゅう》」を脱して天皇の威徳が世界に耀《かがや》くように国民が一致協力して国家の安定に努めることである。

戊辰《ぼしん》戦争の内乱ただ中にある新政府にとって、国内の攘夷派の暴発だけは何としても食い止めねばならない。堺事件の関係者に厳しい処断を下せばいかなる事態が発生するやも計り難い。しかしながら諸外国との衝突を招けばそれ以上の難事がふりかかる。進退極まった新政府は、結局フランス側の要求をすべて呑むことに決めた。二月二十二日、伊達、東久世は連名で英国・イタリア・米国・オランダの各国公使に宛てて、そしてフランス公使ロッシュに対しては別途公文をもって回答した。万国公法に基づいて土佐藩士二十名を日本の刑法にしたがって処刑する、とあった。

翌二十三日、堺の妙国寺において、フランス公使ロッシュの代理デュプレクス号艦長プティ・トゥアール、外国事務局判事五代友厚、伊達と東久世の代理人、それに土佐・肥後・安芸《あき》各藩関係者立合いのもと、十一名が切腹に処せられ、残り九名はプティ・トゥアールの判断でその場で助命され、肥後、安芸両藩預けとなった。

プティ・トゥアールの手記

処刑を冷静に取り仕切ったのは五代であった。プティ・トゥアールの手記は語る。

間もなく、第十一番目の首（われわれの犠牲者に対しそれぞれ一つに当たる）がはねられることになる。とすぐに、わたしはこの償《つぐな》いの裁きの流れを中止させる決心をした。先に述べたことの他に、わたしには、われわれが自分たちの力を十分示したのであるから、新しい節度の証《あかし》を与えることが、よい効果を伴《ともな》うように思われたからである……そんな次第で、第十一番目の受刑者の処刑が終わった時、わたしは五代を呼ばせて、彼にわたしの意図を伝えた。「事態の進み具合から見て、わたしとしては処刑を中止することをあなたにお願いしたい。それはフランスの公使に知らせる時間を持つためである。公使は日本政府が忠実に約束を果たしていることを知れば、恐らくは残りの処刑されるべき人々の運命をあなたの掌中に委《ゆだ》ねる気持ちになられよう」。この意見表明の効果は無限に大きかった。……五代は感激してわたしに礼を言い、そしてわたしも本艦に引き返した（『フランス艦長の見た堺事件』）。

図4　プティ・トゥアール

ベルガス・デュ・プティ・トゥアールは、デュプレクス号の艦長として慶応四年（一八六八）正月十七日に横浜に到着、同艦を率いて神戸、大阪に寄港、堺事件に遭う。明治二年（一八六九）七月七日に任務を終了して帰国、明治十六年（一八八三）に海軍中将に昇進し、地中海遠征艦隊の総司令官を勤めた。非常に温厚で理性的な人物であったらしい。堺事件における彼の判断をロッシュ公使は当初あまり評価しなかったようだが、切腹の中止が日本の外交政策に多大な効果を与え、フランスに対する評価につながった点を知ると、かえって彼を重用するようになる。プティ・トゥアールは一年半の短い滞在中に、英国外交筋と協調関係をとりながら、ロッシュ公使の意向に背いて、あえて新政府外交顧問であったフランス人モンブランと親密な関係を築き、日本におけるフランス外交の回復を目論むなど、なかなかの外交手腕家でもあった。

モンブランの登用

プティ・トゥアールが目を付けたモンブランとは、シャルル・ド・モンブラン伯爵のことである。ベルギーの西フランドル州インゲルムンステル出身の貴族（ベルギーではインゲルムンステル男爵およびデカントン伯爵）で、日本では白山伯と呼ばれた。薩摩藩の五代友厚らが慶応元年（一八六五）に渡欧した際に、商社設立問題で関係を深め、ついで同三年に開かれたパリ万国博覧会では薩摩藩使節団の顧問として活躍した。一種の冒険貴族であったが、国際法や経済事情にも詳しいことから薩摩藩では軍事顧問としての正式契約を結ぶ。モンブランは部下を引き連れて同年九月二十二日（新暦十月十九日）長崎に着く。英国の長崎領事フラワーズからパークス公使に宛てた報告（一八六七年十一月十六日付）では、薩摩藩がモンブランと結んだ雇用契約の期間は三年で、一行はモンブランのほか、モンブランが不在の時にその代理を務めるド・レアル、技師のコワニー、工兵隊のバゼルク、砲兵士官のローランと職工四名の合わせて九名、モンブランと職工を除いた四人のフランス人の年俸は、それぞれ二万七千フランから三万フランであった（『遠い崖―アーネスト・サトウ日記抄　大政奉還―』ちなみに、十フランが一両に相当する)。軍事教官や技師をともなってのモンブランの来日は、英仏の外交団に大きな波紋を引き起こした。

王政復古後の十二月二十八日、モンブランは五代、新納久脩《にいろひさのぶ》らと海路薩摩より神戸に到着、さらに新政府の要請で大阪へ上る。戊辰戦争の勃発後はもっぱら新政府の外交顧問として活躍していた。王政復古の対外布告書の作成や神戸事件、堺事件の際には必ずモンブランが一枚嚙んでいる。神戸事件で国際法の問題を持ち出したのもモンブランであった。

新政府で重用されているそうしたモンブランの存在を、プティ・トゥアールは無視することはできず、フランス側にとってもうまく利用するほうが得策だと判断したに違いない。

モンブランが伊達宗城により、在仏日本代理公使兼総領事の任命を受けたのは二月十一日である。辞令書には次のようにある。

於仏国日本ジャルゼダフヘルコンシュルゼネラール

仏人

コントデモンブラン

方今国体復古《ほうこんこくたいふっこ》政令変革につき、朝命を奉じ右職掌《しょくしょう》申し付け候条、他意なく尽力これあるべきものなり

日本外国事務局

外国事務総督
宇和島少将（花押）
慶応四年戊辰二月十一日

外国人とは言え、新政府の外交責任者による最初の在外使臣任命書である。日本を代表する外交官に日本人の最も忌み嫌う外国人を任命したというのだからおかしい。当時の日本外交がいかに混乱していたかがわかる。

天皇謁見問題の顚末

堺事件の解決で諸公使の天皇謁見問題も出発点に戻る。慶応四年（一八六八）二月二十四日、外国事務局督山階宮晃親王は伊達とともに天保山《てんぽうざん》沖に碇泊中のフランス軍艦ヴェニュス号にロッシュ公使を訪ね、事件につき陳謝し改めて宮中参内《さんだい》を要請した。翌二十五日にはさらに神戸へ赴きパークス公使とポルスブルック総領事へも重ねて招請を行なった。英・蘭両代表の受諾を聞いて、ロッシュも今回は謁見を快諾した。本国召喚がすでに決まっていたロッシュとしては、堺事件の処分を見て新政府の実力を認識すると同時に、この際英国に同調するのが外交上得策と判断したからでもあった。

謁見の日取は二月三十日と決まった。しかし、京都の情況はいまだ不穏で予断を許さなかった。新政府は二十六日にも布告を発して「いささかも不法の所業なきよう」に厳重な注意を促した。謁見前日には宮中内の攘夷派による公使参内阻止の策謀までなされたという。

謁見当日の三十日、ロッシュとポルスブルックは無事参内を終えて退出したが、パークスがなかなか現れなかった。四条縄手《しじょうなわて》のパークス襲撃事件のためであった。またも攘夷か、と新政府首脳陣は驚き、頭を抱える。

パークス襲撃事件

パークス一行は警護の藩兵を従えて宿舎の知恩院から御所へと向かっていた。四条縄手に差しかかったとき、突然傍《かたわら》から二名の武士が現われ、刀を振りかざして行列に切りかかってきた。不意を衝かれた行列は大混乱に陥り、見物の群衆も逃げまどう。狭い路上は修羅場と化した。護衛の外国事務御用掛中井弘《なかいひろし》と後藤象二郎が抜刀奮戦、一名は中井が斬り殺し、他の一名は捕縛された。パークスは辛くも難をのがれ、参内は中止となった。

すぐさま伊達は勅旨を奉じてパークスを知恩院に訪ねて陳謝し、苦しい胸の内を語った。これに対してパークスは、意外にも冷静な態度で見舞を謝して中井らの勇気を讃え、新政府の適切な処置を望んだ。そして、外国人に対する襲撃を天皇への忠節行為だとする間違った考えを、国民の中から早く一掃すべきだと述べた。

捕えられた犯人三枝蓊《さえぐさしげる》は打ち首のうえ梟首《きょうしゅ》と決まった。処置に満足したパークスは、改めて三月三日に参内し天皇との謁見を果たした。天皇が初めて「外の世界」に接し、外国公使に対して友好の言葉を述べられたことにパークスは感激した。名実ともに新政府が国際社会の仲間入りを果たしたと感じたからである。パークスの助言にしたがって、三月七日、新政府は外国人に対する暴行禁止の布令を発し諸外国の信頼回復に努めた。

このころ、デュプレクス号の艦長プティ・トゥアールは大阪へ出向き、モンブランと会っていた。三月十二日、彼はモンブランと一緒に伊達と東久世を訪ね、モンブランが新政府から大きな信頼を得ていることを知って驚く。プティ・トゥアールの手紙から。

彼らは魅力のある人物で、われわれを長時間に亘《わた》って引き留め、たいそう熱心に、わたしの士官たちにいろいろな興味ある場所を訪問させる許可を与えてくれたのです。……短い時間ではありましたが五代とも会いました。小松はまだ京都に滞在しているとのことです。これらの人物の所へ、わたしは時々出かけるつもりでいます。彼らはド・モンブラン氏とは家族的な付き合いをしております。ド・モンブラン氏は彼らに絶対的な信頼を与えており、彼は確かにこの国の政務に大きな影響を与えております

(『フランス艦長の見た堺事件』)。

小松とは、薩摩藩出身の小松帯刀《こまつたてわき》(清廉《きよかど》)のことで、当時は参与総裁局顧問の地位にあって外国事務掛を兼ねていた。新政府では木戸孝允《きどたかよし》や大久保利通《おおくぼとしみち》とともに重責を担ってき

た人物である。モンブランがこうした人びとに政治的影響を与えていると手紙は言う。確かに彼は国際法的な見地からも、日本人の攘夷行動を許されない行為としてたびたび批判してきたし、彼らに具体的な建策も行なってきた。五代などはモンブランのことを、「仏国の俠雄《きょうゆう》」にして優れた「公法論家」であると称揚し、その論説に絶大な信頼を置いている。

井上馨の開国主義

このころ外国事務局判事として長崎にいた井上馨は堺事件について、日本側の卑屈な外交態度を批判する一文を盟友の伊藤博文に送っている。井上いわく、御一新以来、新政府は「外夷《がいい》駕御《がぎょ》の術」、すなわち外国人の扱い方を誤っている。関係者を厳罰に処し、罰金を払い、政府高官、土佐侯まで陳謝するとは、あまりに外国の威に恐れ屈している姿ではないか。これからは「一点の信義」を基本に小国といえども「公法」をもって交際し、もし相手がこれに違反した時は、国家の存亡をかけて戦えばよいではないか。どこまでも信義を貫き通し、一歩も退かない、その覚悟をもつことこそ、いま必要なのではないか。大阪の外交方法は評判がよくない。あまり外国の情実を理解しすぎるきらいがありはしないか。その点で五代などの評判はすこぶる悪い（慶応四年三月二十八日付）。

井上は幕末に英国へ密航留学して、西洋の文明力をいやというほど見せつけられた。長州を攘夷の愚行から救うため帰国して以来、彼は極端な開国論者になった。井上の開国主義の基本には二つの考えがある。ひとつは国際的信義であり、もうひとつは徹底した攘夷思想の排除であった。自分がかつて過激な攘夷主義者であったがゆえに、彼らの頑迷さをよく知っていた。国内から攘夷主義者を一掃しなければ日本は近代的な文明国にはなれない、と心底から思っていた。

攘夷はよくないが、外国人に対して卑屈になる必要はないというのである。信義を貫く覚悟さえ持てば外国人の威力など怖るるに足らず。井上が一貫して持ち続けた外交理念である。

新政府と外国人問題

五箇条の御誓文と攘夷批判

東征軍が江戸へと進撃していたさ中の慶応四年（一八六八）三月十四日、天皇は紫宸殿《ししんでん》に百官群臣を集め、新国家の基本方針五ヵ条を天地神明に誓った。いわゆる「五箇条の御誓文《ごせいもん》」である。その第四条「旧来の陋習《ろうしゅう》を破り天地の公道に基《もとづ》くへし」は、攘夷《じょうい》的言動を批判した言葉といわれ、「天地の公道」とはすなわち、「宇内《うだい》の公法」と同義と解され国際法を守る意とされる。翌十五日、新政府は旧幕府の高札に替えて五榜《ごぼう》の禁令を掲げた。その第四札は外国人殺傷を厳しく禁じていたが、一方では第三札においてこれまでどおりキリスト教の禁止を謳《うた》っていた。当然これは外国人たちの反撥を招く。攘夷の問題はキリスト教とも深くかかわっていただけに、両者の関係を今後どう取り扱っていくかは新政府にとっても難題であった。

図5　伊達宗城（横浜開港資料館所蔵）

四月二十六日、天皇に改めて信任状を奉呈するために大阪へやってきた英国公使パークスは、外国事務局輔の伊達宗城《だてむねなり》に今回布告されたキリスト教の禁令について詰問した。これに対し、伊達はその用語に難点のあることを認め、大阪や兵庫ではそれを制札に出さぬようにすると答えた。そして、「邪宗門《じゃしゅうもん》」という表現を改める努力はしたが、パークスが要求するようにキリスト教の禁制そのものを全面的に撤廃するのは不可能だろうと言った。

このあとすぐに、サトウは判事の中井弘《なかいひろし》とこの問題について議論を重ね、法令ではキリスト教と名ざしせずに単に「有害な宗派」の禁制としたらどうかと提案したが、中井の答えも伊達と変わらなかった。サトウは言う。

日本政府がこの禁令を全的に撤廃する意思のないことは明瞭だった。なぜなら、これを撤廃すれば、布教態度があまりに積極的なためにきらわれ者になっていた長崎のローマン・カソリック宣教師に対して、行動の自由を認めることになるからである（前掲書）。

浦上キリシタン信徒の処罰をめぐって政府内でも紛糾が続いていたが、パークスの圧力もあって寛典論《かんてんろん》（処分を寛大にする議論）に傾き、五月二十日の評議では「巨魁《きょかい》」百十四人を長州、津和野、福山の三藩へ預けることで決着がついた。寛典論の中心は小松帯刀《こまつたてわき》と井上馨《いのうえかおる》であった。信教の自由を冒《おか》すことは、国際的道義に悖《もと》ると井上は考えていたのである。正式に禁教が解かれるのは明治六年（一八七三）になってからである。

列国から承認される新政権

四月十一日、江戸は無血開城され、前将軍の徳川慶喜《とくがわよしのぶ》は水戸に退隠した。二百六十年続いた徳川政権は事実上消滅した。三週間後の閏《うるう》四月一日、パークスは大阪東本願寺において再び天皇と謁見、ヴィクトリア女王が親署した信任状を奉呈した。新政権が列国外交代表によって正式承認された瞬間であった。

続いて閏《うるう》四月二十一日には政体書が公布され、太政官の大幅な機構改革が実施された。欧米の制度に倣《なら》い、形式的ではあるが三権分立と議事の体裁が採り入れられていた。立法は議政官、行政は行政・神祇《じんぎ》・会計・軍務・外国の五官、司法は刑法官がそれぞれ担当することとなった。太政官七官制といわれる。このうち、外国官《がいこくかん》は外務省の前身となる機関である。外国交際、貿易の諸監督、開拓と領土関係。以上が主たる管轄であった。長官は知官事《ちかんじ》と呼ばれ伊達宗城が就任、副知官事には東久世通禧《ひがしくぜみちとみ》があてられた。ただし、条約締結、開港鎖港、戦争和議、賞罰、金銀などの五権については中央政府である太政官の裁決が必要であった。外交担当とはいえ、外国官のもつ権限はかなり小さかった。官員は外国事務局のときと同じく判事《はんじ》、もしくは権判事《ごんはんじ》と呼ばれたが、その多くが事務局からの横すべりであった。外交文書の翻訳係として「訳官《やくかん》」という職務が新たに設けられた。これは煩雑な文書整理や解読に悩む事務方からの要望に基づく。さらに外国官では、横浜・大阪・神戸・長崎の各開港場に出先機関を設けてベテランの官員を配置、留学帰りの俊才を中心に人材確保にも努めた。

海外駐在使節

問題は海外駐在使節をどうするかであった。すでに新政府から在仏日本代理公使兼総領事の職に任じられていたモンブランが、使節問題を話し合うために伊達知官事を訪ねたのは六月二日であった。

外交代表であるからには赴任にあたって委任状が必要なほか、国事についても扱うことになるが、どうなのか、とモンブランは尋ねた。これに対し、伊達は日本の官員を英仏両国に駐在させることも考えていると答えている。在留公使を派遣するのもよいが、よほどヨーロッパの事情に通じた人間でなければならず経費も多分にかかるであろう、とモンブランは言う。では領事ではいかがかと問うと、領事は商業貿易関係の仕事を扱うので商人のほうが都合がよいかも知れぬと応じた。

国内通用の貨幣さえまだ鋳造できないのに、それは無理だと伊達が答えると、モンブランは次のように主張した。

鎖港論がやかましいが、日本の商人が外国で商品を売り捌《さば》けば、外国人による日本での商売も自然消滅し、鎖港同様の姿となるだろう。今の状態では横浜などは英国が商権を握りインドの覆轍《ふくてつ》を踏むかもしれない。委任を受けるからには日本のために何でもするつもりである。フランスは駐日公使からの一方的な情報で外交政策を決めている。これでは日本との間で齟齬《そご》が生じるのはあたりまえである。フランスに駐在している人間がいればその者から直接政府へ日本の事情が説明でき、すこぶる便利と考えられる（『日本外交文書』第一巻第一冊、以後『外交文書』と略す）。

モンブランの口調には大変な自信が感じられる。これに対し伊達は、言うことはよくわかったが、派遣に関してはまだ政府が承知したわけではないので、これからとくと評議を重ね出発前までには委任状を渡したい、と告げた。だがこのあとモンブランの代理公使任命をめぐっては新任公使のウートレーとの間でひと悶着起きることになる。

伊達とモンブランとの問答から見えてくるのは、外国人を日本の外交使節に任命することへのためらいと、モンブランの英国に対する敵愾心《てきがいしん》であろう。海外に駐在する使節が必要なことはわかっていても、人材不足と経費の問題からなかなか実行に踏み切れない、というのが新政府、とりわけ外国官の実情でもあった。

このような苦しい状況の中で、外国官が海外留学から帰国したての若者たち、いわゆる新帰朝者に期待をかけたのも無理からぬことであった。六月三日、伊達の希望もあり外国官は京都二条城の太《だ》政官代《じょうかんだい》へ移った。大阪には五代たちが残って府政にあたることになった。本局の欠員を埋める必要が生じた。人事が動く。六月八日、長州の南《みなみ》貞助《ていすけ》が権判事となり、同十日には宇和島の桜《さくら》田《だ》親義《ちかよし》と都《つ》築《づき》荘蔵《しょうぞう》が判事試補に任じられ、七月二十五日に薩摩の鮫島《さめしま》尚信《なおのぶ》と森有礼《もりありのり》が権判事に就任した。南、鮫島、森の三人はいずれも英国留学生出身で帰朝したばかりであった。英語力も抜群であり、海外事情にも通じていた。

五月には奥羽越列藩同盟が結成され戦乱は東北方面へと広がり、各地で凄惨な戦いがくり広げられていた。関東の民心を安定させ、奥羽鎮定を急ぐためにも車駕《しゃが》東幸が必要であった。九月八日、年号は明治と改められ、同二十日には天皇の東京行幸が敢行《かんこう》された。

外国官の東京移転

京都の外国官も東京へ移転する必要が生じた。これより先の五月、横浜に駐在していた東久世と寺島は東京へ赴き、築地鉄砲洲《てっぽうず》にあった旧幕府の運上所（税関）を接収し、同所において旧幕府が各国と締結した条約書をはじめとする外交文書類を、旧外国奉行役人らから受け取った。領収書類のすべては旧運上所に保管され、七月以降、外国官権判事の中《なか》井《い》弘《ひろし》と同山口《やまぐち》尚芳《ますか》がその管理にあたった。

中井は薩摩の脱藩浪士で本名を横山《よこやま》休《きゅう》之《の》進《しん》という。奇矯な性癖をもつが、剛毅な男として知られていた。幕末に土佐の後藤や坂本龍馬《さかもとりようま》らに愛され、彼らが工面した資金で英国へ密航留学する。帰国後は宇和島藩周旋方として京都で活躍、新政府になってからはもっぱら外交の衝にあたってきた。しかし、その過激な性格が災いして、しばらく横浜に潜伏、寺島の庇護《ひご》を受ける。旧幕府書類の管理を命じられたのも、寺島宗則の推薦によるところが大きかった。漢学の素養豊かにして名文家で知られていた。

天皇の車駕が江戸に到着したのは十月十二日の午後である。江戸城は東京城と改められ、「皇居」となった。天皇の江戸入城の様子を、サトウは、「天皇の黒漆塗《うるしぬり》の駕籠《かご》（鳳輦《ホーレン》）は、私たちには実際珍しかった。それが近づくにつれて、群集がしーんと静かになったのは、まことに感動的であった」と書きとめている。

その四日後、サトウは中井を訪ねた。

江戸は今や東京府《トーケイフ》と改称されたが、この地方政庁の一員であった中井は、知事が自分や他の役人を信用せずに、二、三のつまらぬ商人どもの苦情を取り上げては、決めたことをひっくりかえすと言って、辞職を申し出ていた（前掲書）。

図6　中井 弘（横浜開港資料館所蔵）

時の東京府知事は公家出身の烏丸光徳《からすまるみつえ》であった。サトウの証言どおり、このあと中井は東北戦争から戻った薩摩軍と一緒に鹿児島へ戻ってしまう。しかし、大久保の懇請で十二月には再び上京、新政府軍の武器調達にあたり辣腕《らつわん》をふるうことになる。

ところで、外国官では天皇の江戸到着に先立ち、庁舎準備のため数人の官員を先発させた。権判事の森を筆頭に、桜田、都築らの面々である。

移転する公使館

九月二十七日、品川に到着した森ら一行はただちに鎮将府《ちんしょうふ》へ庁舎交付を願い出、とりあえず神田橋外にある旧幕臣の邸をあてがわれた。だが庁舎が狭いうえに、諸外国との折衝には場所がよくない、という理由ですぐに移転を申請、十月二十二日には築地数馬橋《つきじかずまばし》の南手にあたる小笠原長門守《おがさわらながとのかみ》の旧邸へ引越すことになった。堀をはさんで北東側は築地鉄砲洲《てっぽうず》である。大川に面した埋立地で、読んで字の如く、町屋が鉄砲のような形で川沿いに並び、内側は大名屋敷となっていた。十一月十九日の東京開市により、新政府はここに外国人居留地を設け、旧幕府の軍艦操練所跡に洋風ホテルを建てた。居留地は日本の法が及ばない、いわば治外法権地帯であり、内部には外国人用の住宅、商館をはじめ、倉庫、教会、学校などが建てられ、異国情緒豊かな場所として独特な雰囲気を作り出していた。はじめのうちは、外国人たちも横浜を好み、築地居留地はきわめて評判が悪かったが、整備が進むにつれ、商人、宣教師たちも築地に移り住むようになり、列国公使館も東京へ移転をはじめた。サトウは、中井と次のような会話を交わしている。

私たちはまた、外交関係の現状について話しあった。今でも一般の日本人は外国人に対して昔ながらの不信の念を持ち、外国使臣には仕方なしに我慢しているが、進んでこれを歓迎する気持はない。これは、やむを得ない災難だぐらいに思っていることを、中井も認めたのである。外交官たちが横浜に住んでいることは、天皇《ミカド》政府の最も幸いとするところで、何事によらず、外交官の意見を聞こうなどという考えは、一瞬たりとも持ち合わせなかったのである（前掲書）。

ここに至っても、相変らず日本人が外国人嫌いであることを中井も認めざるを得なかったし、江戸市民はとくに外国人が市中に住むことを好まなかった。

外国官でも外国人の訪問を受ける機会が増えるにつれて、小笠原邸も手狭となり体裁もよくないと思うようになる。そこで十一月には再度、築地西本願寺の隣地で、俗に門跡脇《もんぜきわき》と呼ばれた地に庁舎を移す。

この間、新政府は天皇の東京滞在を利用して各国公使の参内を画策、十一月二十二日、二十三日の両日にわたり、伊・仏・蘭・英・米・普六ヵ国の外交代表が天皇に謁見した。引き続いて、翌月、六ヵ国代表は局外中立を撤廃し、新政府を正統な日本政府と認めた。徹底抗戦を標榜し、十二月十五日、箱館五稜郭《ごりょうかく》を占拠した旧幕臣榎本武揚《えのもとたけあき》らの一派に対しても、各国外交団はもはや正式な交戦団体としての承認を与えなかった。これらの事実は、新政府が国際的に承認された証拠であった。

条約改正と列国

外国官では、こうした機会を捉えて、十二月二十三日、各国代表に懸案の条約改正の意向を伝える。だが、列国からは期限前の改正は困難である、と回答してきた。これを承《う》けて太政官は翌明治二年（一八六九）二月三日、改めて条約改正に関する再審議を外国官に命じた。外国官が実質的に準備にとりかかったのは、副知官事に寺島が就任した四月十七日以降である。この日知官事の伊達は、輔《ほ》相《しょう》三《さん》条《じょう》実《さね》美《とみ》に辞表を提出した。表向きの理由は病気療養であったが、実際は英国公使パークスの無礼極まる態度に耐えかねてのことであった。伊達は言う。

四月初旬までの応接たびごとに怒《ど》罵《ば》愚《ぐ》弄《ろう》の甚しく、いかに鉄《てつ》面《めん》皮《ぴ》無識の宗《むね》城《なり》にても堪《た》え忍び難《がた》く、しかしながら朔《さく》日《じつ》絶交のままにて辞表つかまつり候ては恐《きょう》悚《しょう》に堪えざる故云々（『岩倉具視関係文書』第四）。

パークスを激怒させたのは、横浜付近で頻発していた外国人暴行事件であった。警備のため横浜に外国軍隊を駐屯させろ、というパークスの強い要求を外国官は受け入れざるを得なかった。外国側の無謀な要求に伊達は我慢ならなかったのである。伊達の辞表が受理されたのは二ヵ月後、六月二十五日であった。代わって参与沢宣《さわのぶ》嘉《よし》が新しい知官事に任命されることとなる。

四月十一日、外国官は、官員の数が増えたこともあって再び手狭となり、築地二ノ橋の東向い畠山義勇邸へ移る。四度目の移転である。二ノ橋の西側に采女《うねめ》ヶ原と呼ばれる馬場があったところから、二ノ橋は俗に采女橋とも言われ、現在もその名は残る。もとの庁舎があった門跡脇の屋敷は、のち外国官副知事となった大隈重信《おおくましげのぶ》にあてがわれ、多くの急進的実力者が昼夜を問わず集まっては痛飲高論したところから、だれ言うとなく築地梁山《りょうざん》泊《ぱく》の名がついた。伊藤、中井も隣家に住み、井上は大隈の屋敷内に居候《いそうろう》していた。世人は築地をさして、「進歩的施設の出づる所」と噂した、と大隈は豪語している。

公議所の開設

大隈の言う「進歩的施設」のひとつに、公議所《こうぎしょ》があった。西洋の衆議の形態を模して旧姫路藩邸に公議所が開設されたのは、明治二年（一八六九）三月七日であった。議場の体裁はまさに西洋における議場形式そのままであった。各藩から選ばれた議員は合計二百二十七人、「公議人《こうぎにん》」と呼ばれた。外国官兼任のまま、森有礼が議長心得に任命された。しかし、衆議とは名ばかりで、公議人には保守的な意見を持つ者が多く、議長の森も議事の進行に手を焼いていた。

外国官から「外国官問題十七条」が提出され、公議所で討議に付されたのは四月二十二日、二十三日であった。要点をあげてみる。

「夷狄は禽獣なり、近づくべからず」とか「夷人を斬るべし」とか、攘夷の論が紛々として今なお止《や》まない。では鎖国に戻して、外国人を掃攘し、斬殺してよいと思うのか。もしもその結果、相手が攻めてきたらどうするのか。防ぐ方法はあるのか。兵力なくそれに対処できなければ皇室もともに倒れてよいのか。開国論者は西洋の道を主張し、鎖国論者は和漢の道を主張する。両者を統一するにはどんな方法をもって決めればよいのか。当今の時勢に適当するのは開鎖どちらの論だと思うか。

この議案が、保守派の議員たちに鎖国攘夷の不可能なことを認識させるため、外国官があえて仕組んだ戦術であったことは明らかである。しかし、列国側はそう は受けとらなかった。攘夷派の主張に動かされて、政府が排外的行動に出るのではないか、と列国代表は疑った。しかも、公議人たちが議場で、外国人のことを、しばしば「バーバリアン」（野蛮人）と呼んでいることに腹を立てたパークスは、これを止めさせるように輔相三条に抗議したほどであった。

外国側のこうした不安を解消するには、どうしても外国官そのものが組織的にしっかりしたものにならねばならなかった。六月になって、外国官は改めて職掌を明確に定めて公表した。その第四条において初めて在外使臣の規定を設けた。本省と開港場に勤務する判事のほかに新たに「各国在留公使」の職制を定め、「全権公使」、「公使」、「弁理公使」の三階級を設けた。そこでは、公使の職務は、各国の都府に居住し日本とその国との交際業務を行なうほか、在留邦人の管理監督にあたるものとされた。在外使臣制度の確立へ向けて、外国官もようやく重い腰を上げようとしていた。

続いて七月三日、各藩知事に対し、外国交渉は今後とも、わが国の「独立自主の体裁」を確立すべく「条理」による談判が開始されることになったので、緩急に際して国威を辱めることのないよう奉公に励んでほしい、との朝意が達せられた。

日本の開国をいかにして国民に納得させ、外国交際をどのように制度として定着させていくのか。外国官に働く人々は、まずそこから取りかからねばならなかった。

外交官の誕生

若き外交官たち

新しい官制のもとで

木戸孝允《きどたかよし》は明治二年（一八六九）七月十日の日記にこう誌した。

実に前途不安の萌《きざし》少なからず。その所以《ゆえん》は朝廷方向あい立たず、朝《あした》に右折し夕《ゆうべ》に左曲するの弊《へい》とどまらず。

六月の版籍奉還により新しい職員令《しきいんりょう》が発せられ、官制が改まった直後であった。今回の官制改革は制度に詳しい副島種臣《そえじまたねおみ》の起草になるといわれ、古代の大宝令《たいほうりょう》にならい復古的色彩の濃いものとなっていた。百官の上に神祇官《じんぎかん》を置き、天皇を輔弼《ほひつ》し大政を総括する太政官《だじょうかん》を別に設ける。そして太政官のもとに民部《みんぶ》・大蔵《おおくら》・兵部《ひょうぶ》・刑部《ぎょうぶ》・宮内《くない》・外務《がいむ》の六省、および待詔院《たいしょういん》・集議院《しゅうぎいん》・弾正台《だんじょうだい》・開拓使《かいたくし》などの行政機関を置いた。いわゆる二官六省制である。

太政官に権力が集中するとともに、各省間の軋轢《あつれき》も深まる。続けて木戸は、「各官互に顔色をうかがひ安じて事をなさざるものあり、余の深く痛歎するところなり」と歎息の言葉を吐く。明治の藩閥闘争のはじまりであった。

外務省の名称は新しい。大宝令にはない。外務省の創設にともない、外国官は廃止された。長官は卿《きょう》、次官は大輔《たゆう》と呼ばれ、沢宣嘉《さわのぶよし》と寺島宗則《てらしまむねのり》がそれぞれ就任した。太政官の統轄下にあるとは言え、外務省はわが国初の外交事務を専門にあつかう独立行政機関である。機構整備が急がれた。

十一月二十一日、庁舎は築地木挽《こびき》町五丁目の旧川越藩主松平康直《まつだいらやすなお》邸に移された。外国官設置以来五度目の移転である。この屋敷は采女橋《うねめばし》の西袖にあって、これまでの庁舎では最も広い。「しかるまで広大なるにはあらねど、正堂後堂ともに備はり外客の応接所、諸官員の分課等局を分ちて事務をなすに、やうやくその所を得るに至れり」と、『外務省沿革類従』は誌す。いわば「外務省の体裁」をなんとか維持できる程度の建物であった。のちこの地には明治八年（一八七五）、森有礼《もりありのり》の手で商法講習所が建てられ、東京商業学校（一橋大学の前身）へと発展する。今は新橋演舞場の宏壮なビルが建つ。霞ヶ関に移る前に、外務省がここにあったことなど誰ひとり知らないであろう。

移転にともない、外務省では省員を増やし業務を拡大した。だが問題は在外使臣をどうするかであった。前年の二月十一日には、フランス人モンブランをすでに代理公使兼総領事に任じている。九月十七日、沢と寺島は、フランス公使ウートレーにその旨《むね》を改めて確認した。九月二十一日付の返書で、ウートレーは言う。旧幕府時代のフリューリ・エラールの総領事免職については直接本人へ知らせてほしい。モンブランが皇帝ナポレオン三世の裁可を経て総領事職に就くのは可能だが、代理公使就任はおそらく難しいであろう。外国人が自分の出身地で、他国の外交代表を努めることは国際法上も認められていない。

在外使臣問題

外務省ももっともと思ったのであろう。九月二十八日付で、モンブランは在パリ「大日本公務弁理職」と名を改め、フランスに駐在することとなった。したがって、任務も外務省からの命令伝達、日本国民の保護、情報収集などに限られる。任命後の十月十六日、モンブランは早速、フランス語で記した「宗教政策に関する意見書」を政府へ提出する。前年七月に長崎浦上のキリシタン信徒百十四名が西国諸藩へ配流され、残りの三千余名が捕縛されるなど、キリスト教徒に対する弾圧が列強諸国の間で問題となっていたからである。

モンブランは意見書で、信仰の自由はヨーロッパでも昔からあったわけではなく、列強諸国はそれを忘れて日本の内政に干渉している。したがって、日本においても少しずつ政教分離の政策を進めて行くのが良策と思うが、当面は黙許するのがよいであろう、と述べる（『外交文書』第二巻第三冊）。

政府はこの意見にそってキリシタンに対し「黙許」政策をとる。浦上のキリシタン信徒たちを配流に処した明治政府の意図を、ヨーロッパ諸国に説明したのはパリ赴任直後のモンブランであった。モンブランは薩摩出身の留学生前田正名《まえだまさな》を同伴して、十一月二十三日に横浜を出帆、パリに着いたのは、翌明治三年（一八七〇）の一月下旬と思われる。到着後ただちにサン・ラザール駅にほど近いティヴォリ街八番地（8 rue de Tivoli）に事務所を置き執務を開始した。

図7　鮫島尚信（石黒敬章氏所蔵）

最初の外交官・鮫島尚信

外務省が本格的に在外使臣制度について検討を始めたのは、明治三年二月になってからである。そもそもはわが国に駐在する外国人公使たちの横暴な振舞いや強圧的態度に業を煮やした外務省が、相手国に日本の外交代表がいればこうした摩擦も起らないのではないか、と考えたことによる。モンブランのような外国人弁理職程度では到底務まらないであろう。即刻、人を選んで外交代表を派遣すべきであると、太政官へ上申する。太政官の決定が六月十四日に下され、すぐに外務省では人選に着手した。外務大丞《だいじょう》の鮫島尚信《さめしまなおのぶ》と外務権少丞《ごんしょうじょう》塩田三郎《しおたさぶろう》にヨーロッパ差遣《さけん》の辞令が下ったのは九月十三日である。塩田は幕臣の出で渡欧経験もあり、英仏両語に巧みであることから今回の抜擢となった。鮫島二十五歳、塩田二十七歳である。いずれも省内きっての国際派であった。

さる二月に、沢外務卿は、信義をもって外交にあたれば、列国の詐謀《さぼう》、威圧も未然に防ぐことができる、と省員たちに諭達《ゆたつ》を発したばかりであった。六月十日に定めた外務省法則では、外交は国家の安危にかかわる重大な職務であり、「その人」がいなければ外交はなり立たないと謳《うた》っていた。

公使派遣の第二の理由は、明治五年（一八七二）七月一日の条約改正期限が迫っていたことによる。外務省は、英国と各国との間に結ばれた条約文を取り寄せ、四月からその比較研究を始め、十月には省中評議を行ない、条約改正順序が決まり、取調係の設置も検討された。改正順序では、翌年三月までに試案を作成し、関係各省および集議院などで衆議をつくして交渉案を決め、五月には列国との交渉に入る、とされた。各国に常駐するわが国外交代表がいなければ、条約改正にともなう外交交渉も不可能となる。

ところで、外務省が決めた外交代表の名称は「弁務使《べんむし》」であった。英国・フランス・プロシアの三国公使にあてて、十月二十八日外務省は鮫島を弁務使としてヨーロッパへ派遣すると通知した。そこには正式な外交代表としての明記はなかった。鮫島からの建議もあり、外務省が在外使臣についての明確な制度確立を提案したのは閏《うるう》十月二日であった。次のような内容である。

ヨーロッパ諸国と同様、わが国でも、「公法」（一八一五年制定の在外常置使節に関するウィーン規則）に準じた制度を採用することが外交上有利と考えられるので、弁務使を大・中・少の三階級に分け、大弁務使は全権公使、中弁務使は在留公使（弁理公使）、少弁務使は代理公使にそれぞれ該当するとしてはいかがか。ただし「アムバッサトル」（大使）は君主同様の権威を有する地位でもあり、今回は別格として弁務使階級には含まないものとしたい。

外務省の提案は、太政官で即日認可され、同日付で省内に大・中・少の弁務使および大・少記が設けられた。なお、特命全権大使の名称が加わるのは明治五年（一八七二）九月からであり、領事職が置かれるようになるのは明治四年（一八七一）十一月からである。

この結果、鮫島は改めて英国・フランス・プロシア三国駐在の少弁務使《しょうべんむし》を拝命、同地で交際事務と留学生監督にあたるよう命じられた。同時に塩田も外務権大記《ごんだいき》へと名称が変わり、新たに仙台藩出身の後藤常《ごとうつね》が権少記《ごんしようき》として赴任することになった。外務省は、今回の制度変更を三国公使へ伝えるとともに、鮫島を今度は「第四等のジプロマチクエゼント」として処遇してほしいと申し出た。「ジプロマチクエゼント」(diplomatic agent)、すなわち外交官第一号の誕生である。

鮫島は、塩田と後藤をともない閏《うるう》十月三日の昼すぎ、東京を発って横浜へ向かった。横浜ではフランス公使ウートレーとプロシア公使フォン・ブラントに会い、代理公使の資格でヨーロッパへ赴任することを告げた。ブラントに異存はなかったが、ウートレーは、三国の公使と細かい打ち合せもせずに突然赴任しては、あるいは外交代表としての処遇は難しいかも知れないと懸念を示した。

ウートレーが色よい返事をしなかったのは、英国公使パークスの思惑を知っていたからであろう。パークスは年齢と身分の点で若い鮫島の派遣を快く思っていなかった。わが大英帝国に留学生上がりの若造を送るとは無礼な、と言わんばかりの剣幕であったらしい。鮫島の出発後に、弁解に出向いた沢外務卿へ、応対に出た書記官アダムスも、今回の派遣については外交上の不都合もあり、代理公使は不承知であるとまで言い切っている。

二番目の外交官・森有礼

鮫島の一行が横浜を出帆した当日の閏《うるう》十月五日（一八七〇年十一月二十七日）、在外使臣派遣の二番手として森有礼が、同じく米国駐在少弁務使に任じられた。外交官第二号である。森は二週間ほど前に大久保利通《おおくぼとしみち》から内諾を求められた。一介の書生として再渡米を希望した森にとっては不服であったが、結局は承諾する。こちらの方は至極順調に運ぶ。

森は十一月十三日に横浜の米国公使館を訪ね、駐日公使デ・ロングに赴任を告げた。国務長官にあてた沢外務卿信任状の副本も提出している。日記に「接遇甚だ優《やさ》し」とあるほどだからよほどあたたかいもてなしを受けたのであろう。鮫島の場合とえらい違いである。

図８　森 有礼（上野景福氏所蔵）

森が横浜を発ったのは十二月三日の夕刻、外務少記外山正一《とやままさかず》、権少記名和道一《なわとういち》、大令史矢田部《やたべ》良吉《りょうきち》の属官三名と留学生二人が随行した。外山は幕府留学生として渡英の経験がある。

日本にとって初めてとなる二人の若い外交官の派遣を、少なくとも米国のメディアは好意的に受けとめてくれたようである。一八七〇年十二月十六日付の『ニューヨーク・タイムズ』は、

「信任状を携えた日本人代表の任命」は外国から要請したわけではなく、「日本人自身が考え出したもの」であって、西欧諸国において日本人に対する敬意の念を生じさせることが目的のようだと記し、ついで翌年二月二十五日号の同紙でも今回米国へ派遣された公使は英語がすこぶる堪能で、新しい政府の体制やその近代的な変化についても自在に話すことのできる人物だと、森を高く評価している。

外務省ついに霞ヶ関へ

在外使臣の派遣が決まって間もない閏十月十四日、築地木挽町《こびきちょう》の外務省をもっと広い場所へ移すことが検討され上申された。候補地は外桜田の霞ヶ関、もと福岡黒田藩の屋敷である。広大な藩邸の半分ほどを三条実美《さんじょうさねとみ》が邸宅として使っていたことがあったが、この時は民部省の庁舎になっていた。二十年ほど前の嘉永《かえい》年間に建て替えられたものだけに、他の大名屋敷とくらべてもその堂々としたたずまいと堅牢な造りは、一国の外交をつかさどる役所にふさわしい建物と判断された。近いうちに民部省が皇居内に移ると聞いた外務省では、すぐに「本省狭隘《きょうあい》にして外客接遇はなはだ不体裁多く、しかのみならず官員分課して事務を施行する所なく百事の不都合につき」その民部省の跡地に移りたい、と申し出た。願いは聴き届けられた。閏十月二十二日である。外務省の木挽町跡地には工部省が入ることになった。電信架設もなり、営繕改修の大工事が終わって、外務省が霞ヶ関へ移転したのは、その年も末の十二月十一日になってからである。

一万三千余坪の敷地に数千坪にも及ぶ広大な屋敷構えである。荘厳美麗にして見る者を圧倒したという。外桜田の通りに向かって表門があり、北東側の通用門向いは芸州浅野家の中屋敷であった。それでもかつての黒田藩邸全体の三分の一ほどであったというから、

図9　明治初期の外務省（石黒敬章氏所蔵）

当時の大名屋敷がいかに広大であるかがわかる。二代目の東京府知事となった大木《おおき》喬任《たかとう》の「桑茶政策」で多くの武家屋敷が取り毀され、江戸の旧市街地は一時田園化されかけた。輸出をさかんにするため、屋敷地を農地として開墾し、生糸の原料となる桑や茶を栽培しようというのである。この政策によって市中ほぼ三百万坪が農地化されたといわれる。だがこれは失敗であった。明治四年七月の政策転換で、時の府知事由利《ゆり》公正《きみまさ》は東京を首都にふさわしいものにすべく、現在の三宅坂付近から霞ヶ関、日比谷一帯にかけての地域に政府機関を集中的に移し、同時に官有地や軍用地を増やすように努めた。さらに旧江戸城の内曲輪《うちくるわ》や外郭《そとくるわ》に設けられていた数多くの城門を撤去し、市民が市内を自由

に往き来できるようにした。以後、皇居を中心に官庁街の整備が進み、官員の邸宅も増え、外国の公使館も新しく建ちはじめた。首都東京の誕生である。

新しい外務省の建物は、かつては大名屋敷であったとはいえ霞ヶ関の象徴となった。南西側の土塀にそって東から西へ下る潮見坂《しおみざか》は、遠くに海を臨める景勝の地として東京の名所となる。坂をはさんで反対側には、間もなくロシアやイタリアが公使館を建て、外国人たちが移り住む。霞ヶ関界隈にもようやく西洋の風が吹きはじめようとしていた。建物自体は明治十年（一八七七）二月の火災で焼失するが、その後も外務省はこの地を動くことはなかった。霞ヶ関外交と呼ばれる所以《ゆえん》である。

官制再編と条約改正への道

明治四年（一八七一）七月十四日、廃藩置県が断行され、八月には再び官制改革が行なわれた。これにともなって諸省の列次が決まり、外務省は神祇省の次位とされた。外交を重視した大久保の提案による。翌年神祇省が廃止されると、外務省は実質的に諸省の首位となる。外務卿も実力のある岩倉具視に代わった。同時に省内改編が実施された。

外務省事務章程を定め、省内に新たに職務・公書・各港・翻訳法書・編輯・語学・庶務の七課を置き職務分担を決めた。翻訳法書課はとくに条約改正準備のために設けられた。在外使臣に対する外務卿の権限も強化された。

奔走する鮫島

本省の整備と併行して在外公使館の開設準備も進められていた。明治三年十一月二十八日（一八七一年一月十八日）にフランスのマルセイユに到着し、ボルドー経由で十二月十七日（一八七一年二月六日）、ロンドンに着いた鮫島尚信は、英国政府から外交代表の資格を認められず、翌年二月にはパリに移り、オテル・シャトランを仮住居に公館開設の準備をはじめた。モンブランはすでに明治三年十月二十八日付で公務弁理職を解任されていた。鮫島はフランス国防政府のファーヴル外相に着任状を送ったあと、六月（一八七一年八月）にはラ・レーヌ・オルタンス通り二十六番地（26 Avenue de la Reine Hortense）に仮公館を置き本格的に業務を開始した。この通りは、第三共和政成立後にオッシュ通り（Avenue Hoche）と名を改めるが、奇しくも現在の日本大使館はオッシュ通り七番地にある。

仮公館開設後間もなく、鮫島はヨーロッパの国際事情や外交に精通した英国人秘書を雇う。フレデリック・マーシャルである。パリに二十年以上の居住歴をもつジャーナリスト、あるいは実業家ともいわれている。給料は月五十ポンド（約二百五十円）、解雇はいつでも自由にできるという条件であった。こうした厳しい条件にもかかわらず、マーシャルは以後鮫島の右腕として対ヨーロッパ外交に活躍したのみならず、十七年の長きにわたってパリの公使館を拠点に日本外交に必要不可欠な情報収集の活動に従事することとなる。

ワシントンに仮公館開設

一方、明治四年（一八七一）一月初めにワシントンに到着した森有礼は、一月十二日、国務長官ハミルトン・フィッシュに信任状を奉呈、十五番街八百十六番地（No.816 Street 15）に仮公館を開設した。パリ公館よりも数ヵ月早い開設である。フィッシュの勧めで、八月には二十四番街四千二百二番地（No.4202 Street 24）の比較的大きな建物に引越している。マサチューセッツ大通りと二十四番通りが交叉する角地にあり、家賃は年二十四ドルであった。職員は森たちのほかに、現地で雇い入れた秘書、執事、料理人、家政婦、それに庭師などがいた。秘書の名はチャールス・ランマンという。ランマンはジャーナリスト出身で、上院議員秘書や下院図書館の館長などを勤め博識多才な文化人として知られていた。スミソニアン博物館の理事であるジョセフ・ヘンリーの紹介であった。森はランマンの助けを借りて、幅広い文化外交を展開する。

パリのマーシャルとワシントンのランマンに共通しているのは、いずれも国際事情に精通した文化人で、それぞれの国の政財界に太い人脈のパイプをもっていたことであろう。彼らの協力がなければ、鮫島も森も、日本初の外交代表として国際舞台で縦横な活躍をすることは難しかったに違いない。

外交代表として

鮫島と森という、二人の弁務使、いわゆる外交代表（diplomatic agent）が駐在する国でやらねばならぬ仕事は大きく分けて五つほどあった。

外交実務の研究、条約改正の交渉実務、留学生の調査監督、政府雇いの外国人との契約交渉、在留日本人や渡航者たちの世話である。彼らはこうした仕事を誠意をもってこなしていく。日本にとって不慣れな外交を国際社会が認める水準にまで引き上げた二人の努力を忘れるわけにはいかない。

当時ハーバード大学に留学していた財政家の目賀田種太郎《めがたたねたろう》は、米国の政界、教育界、学界において森がきわめて高い評価と尊敬を受けていた事実を述べ、米国がしだいに親日的傾向を帯びていった原因のひとつに森の精力的な文化的活動があったことをあげている。

岩倉使節団の外交

欧米諸国と岩倉使節団

そうした日本の近代化、西洋化に大きな役割を果たしたのが岩倉使節団の派遣であった。右大臣岩倉具視《いわくらともみ》を全権大使とする未曾有の大使節団が欧米へ向けて横浜を出帆したのは、明治四年（一八七一）十一月十二日であった。使節団は大使、副使以下総勢百余名にも及ぶ大規模なもので、副使には参議木戸孝允《きどたかよし》、大蔵卿大久保利通《おおくぼとしみち》、工部大輔伊藤博文《いとうひろぶみ》、外務少輔山口尚芳《やまぐちますか》が任じられた。廃藩置県で中央集権の基礎が固まった今、一国の最高首脳部の大半をあげて、西欧の文明諸国を親しく視察し、日本の近代化を図ろうというわけである。派遣目的は二つあった。一つは期限が迫った条約改正を延期するための予備交渉であり、もう一つは欧米諸国の制度文物を調査研究し、西洋文明の富強の根源を探り、それを日本に移植することであった。

使節団首脳は、出発直前の十一月九日、「留守政府」との間に十二ヵ条の「約定《やくじょう》」を結んだ。欧米を巡っている間に、彼らに実権を握られる恐れがあったからである。「約定」には、新規の改革をしないこと、廃藩置県後の処置には実効をあげること、諸官省の増員はみだりに行わないことなどが定められていた。「留守政府」は、太政大臣三条実美《さんじょうさねとみ》以下、参議西郷隆盛《さいごうたかもり》、同板垣退助《いたがきたいすけ》、同大隈重信《おおくましげのぶ》、外務卿副島種臣《そえじまたねおみ》、司法卿江藤新平《えとうしんぺい》、文部卿大木《おおき》喬任《たかとう》、左院議長後藤象二郎《ごとうしょうじろう》、それに大蔵大輔井上馨《いのうえかおる》、兵部大輔山県有朋《やまがたありとも》などが主要メンバーであった。藩閥構成からいえば肥前派土佐派主流の政府ということになる。

しかし、「約定」は守られなかった。使節団が欧米巡遊中に、学制改革、徴兵令、地租改正、あるいは太陽暦の採用、国立銀行条例の制定など重要な近代化政策が相ついで実施されていった。「留守政府」によるこの「約定」を無視した政策実行は、使節団帰国後の大きな政治問題となり、折からの征韓論と重なりあって、明治六年（一八七三）十月の大政変をひきおこすことになるのである。

使節団一行が最初の訪問地である米国ワシントンに着いたのは、明治五年一月二十一日（一八七二年二月二十九日）の午後であった。その日は朝から雪模様の生憎《あいにく》の天気であったにもかかわらず、沿道は歓迎の群衆で埋めつくされた。一月二十五日、岩倉らはホワイトハウスでグラント大統領へ国書を奉呈、同二月三日から国務省において国務長官フィッシユとの間で条約改正交渉が開始された。使節団の任務は、改正の調印にあるのではなく、改正延期の交渉にあった。ところが、米国各地での官民あげての大歓迎ぶりに気をよくした使節団は、あわよくば米国と改正調印にもちこめるのではないかとの希望的観測を抱き始めていた。そうした雰囲気を使節団内部につくり出したのは森有礼《もりありのり》と副使の伊藤であった。彼らは米国側の要求を容れ、多少の譲歩をしてでも、この際、改正調印したほうが日本の近代化を進めるのに有利であると主張した。国際通として知られる森と伊藤であっただけに、彼らの提案は岩倉たちを動かした。

第一回目の交渉の前々日、二月一日にパリの鮫島尚信《さめしまなおのぶ》に送った手紙の中で、岩倉は次のように決意のほどを語っている。

使節を命じられ渡海はしたものの、外国のことに暗く、何もわからず不都合ばかりで大変に困った。今さら後悔しても仕方がないのでせいぜい力の限り勉強するつもりである。「弁務使」に委任する権利についてもよく知らず、森にも迷惑をかけたが貴兄に対しても同様である。だが、この度の使節はわが国の「興廃」を決めるほどの覚悟で派遣されたものでもあり、ぜひとも厚く御協力願いたい（『岩倉具視関係文書』五）。

しかし、森と伊藤の意見を容れて、改正条約に調印する方針で交渉の席に臨んだ岩倉らは、初回から蹉跌《さてつ》を踏む破目に陥った。国務長官フィッシュから、条約締結権者たる天皇の全権委任状を所持して来ているかと問われたのに対し、岩倉は否《いな》と答えざるを得なかったからである。第一回目の会談終了後、その日の内に、使節団首脳陣は合議のうえ、委任状を請いに大久保と伊藤が一時帰国することを決定した。この合議の席で使節が締結権を持つことの必要性を終始力説したのは、やはり森と伊藤であった。その後も、二月五日、八日、十日と三度会談を重ねたが、肝心の関税自主権の回復、治外法権の撤廃、居留地問題など、日本側の要求は全く問題にされず、反対に、内地開放、日本の輸出税の廃止など種々の要求を米国側から出される始末であった。

交渉は難航した。米国側の態度は思いのほか強硬であった。大久保と伊藤がワシントンを発ったのは、四回目の会談を終えて二日後の二月十二日であった。交渉が進むにつれ、森はしだいに窮地に立たされ、孤立していった。ことに、改正調印の交渉に踏み切ったことを後悔しはじめていた木戸の、森に対する反感はひどかった。これ以上自己の信念を貫き、任務を全うすることは不可能と判断した森は辞意を表明し、一時帰国する大久保と伊藤に辞表を託す。

森の外交政策

一方で森は、使節団の優柔不断な態度を米国の論説機関などを通してしきりに批判していた。それがいっそう、木戸の不快感をつのらせた。そこへ、英国の留学生有志の代表として、尾崎三良《おざきさぶろう》と川北俊弼《かわきたしゅんすけ》がロンドンからワシントンへやって来て、木戸に条約改正をぜひとも中止してほしいと訴えた。改正条約に万一調印した場合、最恵国《さいけいこく》条項によってそれがたちまち各国に均霑《きんてん》し取り返しがつかなくなる惧《おそ》れがあるというのである。これを聞いた木戸は、はたと膝を打って、「我あやまてり」と痛恨の言葉を吐いたという。

だが森は使節団をただ批判しようとしたのではない。日本が欧米同様に近代化された文明国であることを何とかして米国民に知らせたいと考えていた。写真を用いた新手《あらて》の広報外交もこの時に森が考え出したものであった。三月十二日、森は使節がもって来ている「東京写真図」をワシントンの弁務使館にも飾りたいと申し出た。政府はこれを許し、本国の迎賓館である延遼館と同様に館内に飾るよう指示した。同時に館内のゲストルームに、衣冠束帯《いかんそくたい》の古風な出で立ちをした岩倉の写真と、最新式の洋装姿のそれとを並べて一つのフレームに収め、それぞれに日本語で「昔の日本、今の日本」と記し、部屋の壁に掛けておいた。二枚の対照的な岩倉の写真を部屋に掲げることにより、弁務使館を訪れる米国の要人たちに、現在の日本がいかに近代化された国であるかを示そうとしたのである。写真の効果を充分に知ったうえで、それを外交に応用するなど、カルト・ド・ヴィジット（名刺判写真）の収集マニアであった森ならではの奇抜な発想ではないだろうか。

このほかにも、森は秘書ランマンの協力で『米国における生活と資源』（Life and Resources

in America）を編纂して米国の社会や文化を広く日本に紹介し、西欧の文明国の実態を国民に知らせようと試みたり、また『日本における宗教の自由』（Religious Freedom in Japan）や『日本における教育』（Education in Japan）などの英文著書を出版して、西洋人に対しても日本の知識階級が近代文明をいかに捉えているかを示そうとするなど、積極的な文化外交を展開し両洋の文化を双方向に発信し続けた。

大久保利通と伊藤博文の帰国

ところで、明治五年（一八七二）三月二十四日に東京に着いた大久保と伊藤は、翌日政府に出向いて全権委任状を下付されるよう請うた。この申請が出された直後、外務省では改正条約案を至急作成する必要があると考え、外務大輔寺島と大蔵省三等出仕の上野景範《うえのかげのり》を条約改正取調御用掛に任じ、法律顧問の米国人ペシャイン・スミスの協力を得て作成にとりかかった。

大久保、伊藤らとの協議を経て、四月二十日前後には条約案ができ上がった。「擬定《ぎてい》条約」という。条約案には、新しい裁判制度を施行して一年後に領事裁判権を廃止、関税自主権の確保、外国船の沿岸貿易を認めず、十年有期とする、などの条項がもり込まれていた。十年後には完全な平等条約の実現をめざしていたと思われる。

拙速な改正調印に反対する外務省は、四月二十五日、全権委任状は下付するが、今回決定した日本側の条約案を外国側が認めない場合には調印をせずに帰国すべし、との厳しい条件付きの意見書を正院へ提出した。

三人目の外交官・寺島宗則

そしてこの日、外務大輔寺島宗則は大弁務使へ転任、外交代表が空席となっていた英国在勤を命じられることとなった。これは外務省ないし外務卿の権限強化を図る副島の意を含み、省側の代表としてヨーロッパでの改正交渉に参加するため派遣されたもので、交渉のお目付役もかねていた。鮫島、森につづくわが国三人目の大物外交代表であった。いわば外交官第三号ということになる。

寺島の駐英大弁務使任命の件は、四月二十八日付で英国臨時代理公使ワトソンに伝えられ、英国側もこれに満足の意を表した。寺島は五月十七日、大久保、伊藤とともに日本を発つ。随行する属官は、外務少記岡田好樹《おかだよしき》、同鈴木金蔵《すずききんぞう》、外務大録近藤真鋤《こんどうますき》、同中録兼松直稠《かねまつなおしげ》の四人である。サンフランシスコ経由でワシントンに到着したのは六月十七日であった。その日のうちに、寺島を交えて使節首脳による協議が開かれたが、談判は中止と決まった。たまたま日本から帰国途中のドイツ公使フォン・ブラントや元英国代理公使アダムスから、片務的最恵国《へんむてきさいけいこく》条項の点で、国別談判による対米条約調印は不利だと諭《さと》されたことも中止の理由であった。その午後、岩倉は国務長官フィッシュとの最終会談に臨み、席上において交渉の打ち切りを告げた。同時に米国側も、日本が提案したヨーロッパにおける各国合同会議への出席を断わり、日米両国の条約改正交渉は完全な物別れに終わった。

使節団より一足早く、六月二十六日にニューヨークを出発した寺島は、七月八日（新暦八月十一日）ロンドンに到着した。宿はリージェント公園の南側ポートランド・プレイスにあるランガム・ホテルにとっている。同夜のうちに、賜暇帰国中の駐日公使パークスがホテルを訪れ、明日女王謁見が行なわれる旨《むね》を彼に告げた。翌朝、寺島はパークスならびにアストンの案内でポーツマスへ赴き、同地のワイト島で静養中のヴィクトリア女王に謁見、グランヴィル外相の先導で女王に直接信任状を奉呈した。

日英両国の交流が今後ますます盛んになることを希望しているとの言上書を、寺島が日本語で奉読すると、女王は英語がわかるかと言いつつ、彼のそば近くに来て、このたび、貴官が公使としてわが国に在留されるについての喜びは大きい、ただ残念なのは岩倉使節一行の到着が遅れて彼らに会えないことだ、との勅語を賜ったという（『外交文書』第五巻）。

鮫島が英国政府から赴任拒絶に遭って以来一年余りが経つ。わが国駐英公使としては初めての女王謁見であった。寺島はフロックコート着用、鈴木少記が同行した。ヴィクトリア女王はきわめて機嫌がよかったといわれる。英国における現地外交は順調なすべり出しを見せた。

ロンドンに弁務使館設置

七月十四日、寺島より一週間ほど遅れて岩倉使節の一行がロンドンに到着した。女王が避暑に出かけていたため彼らは謁見ができず、このあと約三ヵ月余りを英国各地の視察に費やす。この間寺島は公館用の建物捜しに奔走していた。九月十一日に上野景範へ次のように書き送る。

当方しきりに弁務使館を探索すれども未たなし。これもまた想像天狗中の一にして、お金かたんとなければ外国に光らず。しかし光りの出を先に大抵もとかつつかぬてあろうか御一笑なり（『寺島宗則関係資料集』下巻）。

図10　ベルグレイヴの元日本公使館

弁務使館も「想像天狗」、すなわち国家の見栄の一つだと言うわけだが、それとても金がなければ相応のものも手に入らぬと嘆いている。だが、九月下旬になって、ようやくヴィクトリア停車場の北東方向にあたる高級住宅街ベルグレイヴの一画に恰好な建物を見つけることができた。住所はベルグレイヴ街九番地（No.9 Upper Belgrave Street）である。バッキンガム宮殿にもほど近く、バッキンガムパレス通りを南へ四百㍍ほど下って右に折れ、二ブロック北へ上がった右側にその建物は位置していた。現在でも多くの大公使館や領事館が軒を連ねているが、いかにも高級住宅地らしく閑静なたたずまいを見せている。

建物は現存する。いわゆるテラス・ハウスであるが、内部はさして広くない。九番地の部分を一階から四階まですべて借り切ったと思われるが、それでもかなり窮屈なスペースであったに違いない。使節副使の木戸が、ロンドン滞在中の日記に「寺島を訪ふ。大久保、伊藤、杉浦に会し一同帰宿。寺島のこの宅を設けしより余はじめてここに至る」（十月十七日の条）と誌しているのは、このベルグレイヴの公館のことである。いずれにしても、ここが日本がはじめて英国に開設した公使館となった。

新しく弁務使館を設置して間もない十月十四日、本国における在外使臣制度改編にともない、弁務使の名称が廃止され寺島は特命全権公使となった。同時にパリの鮫島、ワシントンの森も、それぞれ弁理公使、代理公使とその名が変わった。職制変更にともない、弁務使館も公使館と改称され、一等から三等までの書記官と一等から八等までの書記生も新たに置かれることとなった。職制の上でも、日本は近代外交官制度の確立へ向けて第一歩を踏み出すことになる。

岩倉使節とグランヴィル外相との会談は十月二十二日からはじまり、二十七日に行なわれた第二回目の会談では寺島の存在がきわだっていた。相手はグランヴィル外相とパークス公使である。会談冒頭から英国側の姿勢は強硬であった。外国人の内地旅行と沿岸貿易を強く求めてきた英国に対し、寺島はそれにはまず現行条約における領事裁判権の撤廃が不可欠だとやり返し、実例をあげて徹底的に反論に及んだ。寺島は外相とパークスを向こうにまわして、わが国主権の存在を主張して譲らず、堂々と渡り合ったのである。最後に、横浜駐屯兵《ちゅうとんへい》の引き揚げと下関償金（元治元年の下関戦争の賠償金）の支払いに関する問題が話し合われ、償金支払いについては、寺島から覚書を提出することで会談は終わった。日英間の交渉は、米国の時と同じく、結局進展を見ないまま並行線を辿《たど》り、岩倉使節は十一月五日にウィンザー城でヴィクトリア女王に謁見をすますと、同十六日ロンドンを離れて次の訪問国であるフランスへ向かった。

ベルリンのアルゼン街四番地（4 Alsen Strasse）にドイツ初のわが国公館を開設し、皇帝ウィルヘルム一世へ信任状を奉呈した弁理公使の鮫島尚信は、岩倉使節を迎えるため十一月十四日あわただしくパリへ戻った。ベルリンには長州藩留学生の青木周蔵《あおきしゅうぞう》が外務一等書記官心得として年明けから駐在する手筈《てはず》になっていた。

フランスでの交渉

岩倉使節一行がカレーの港にその姿を現したのは十一月十六日の昼すぎであった。鮫島はフランス側接伴役とともに一行を出迎え、夕刻にはパリに入る。岩倉らは同二十六日に大統領ティエールと謁見、国書を奉呈し日仏両国が永久に親交を持つことを重ねて強調した。ティエールも、日本はアジアで最も「豊饒《ほうじょう》の国」と聞いている、今後はぜひとも両国の貿易を盛んにしたいと思う、とこれに応えた。

条約改正の会談は、明治六年（一八七三）一月二十四日からヴェルサイユで行なわれた。日本側が岩倉と鮫島、フランス側はレミュザ外相と駐日公使ウートレーである。席上外相は、日本の全面的な内地開放が無理であるならば、多少の制限を設けて漸進的に実施してはどうかと提案、さらに浦上《うらかみ》におけるキリスト教徒の迫害に話題を転じ、日本でも西欧文明諸国が採用している法に従って信教の自由を認めるよう強く望んだ。カトリック教国ならではの要請であった。これに対し、岩倉はキリシタン信徒が宣教師の保護のもとで政府の威権を妨害している事実を指摘した。ウートレーが確証がないと反撃すると、鮫島が強い口調で次のように答えた。

これはフランス人宣教師についてだけ言っているのではなく、われわれは外国人宣教師たちがなるべく内政に干渉しないように望んでいるのである。さもなくばこのことが国家的問題に発展して容易ならざる事態に及ぶことも考えられる。

外相いわく、当然のことである。すべて貴国内政上のことについて妨害をする者がいれば、自分が責任をもって処置をするので御安心いただきたい、と。

最後に岩倉が横浜に駐屯するフランス軍隊の引揚げを求めたのに対し、必要がなくなれば撤退させることも可能だが、英国政府との打合せも必要であり、「遠からず」引き揚げることとなろう、と前向きな姿勢を見せた。

英国とくらべてフランスの対応はかなり穏やかで良好に感じられた。とくに文化的な交流には熱心で、使節が希望する施設はすべて開放し見学の便宜を与えてくれたほか、随員や理事官の求めに応じてその道に通じた専門家を紹介し、必要な資料を提供してくれることもたびたびあった。

日仏の文化交流

フランスに限らずヨーロッパ各地における使節たちのこうした行動には、必ず一定の外交ルールが必要であった。各国の政府要人や外務大臣に対し、ヨーロッパの外交慣行や儀礼に則《のっと》って、鮫島があらかじめ便宜供与《べんぎきょうよ》や調査協力の依頼状を発送し、その許可を得てはじめて視察や調査が可能となる。岩倉使節団のヨーロッパにおける大がかりな制度文物の調査研究も、こうした鮫島の外交上の努力やこれまで築いてきた外交界の人々との信頼関係、それに積極的な文化交流活動なしには成功しなかったであろう。

文化交流といっても、基本的にはフランスから日本への一方的な流れのかたちが多かった。日本からの留学生にしても、日本へ向かうお雇い外国人にしても、西欧文化の流れはつねに一方向であった。教育の場合はとくにそうした側面が強かった。レミュザ外相を通じて、鮫島にパリ東洋語学校の日本語教師が欲しい、という文部大臣からの要望が届いた時、彼は文化交流の一方的な流れを双方向に変えることができる絶好の機会と捉えた。

フランス政府は今村《いまむら》和郎《わろう》を指名してきた。今村は当年とって二十七歳、土佐藩出身の若手官僚で、文部中助教として理事官田中《たなか》不二麿《ふじまろ》に随行しヨーロッパの教育制度調査に従事していた。フランス語にも堪能な逸材であった。鮫島からの申請で、今村を東洋語学校の「教授試補」に任じて差しつかえない旨《むね》の指図書《さしずしょ》が岩倉使節から届いたのは二月十日である。この後、今村は東洋語学校で日本語を教えたばかりでなく、日本文化をヨーロッパに広める上でもかけがえのない人物となる。今村の活躍は、使節帰国後にパリで開かれた国際東洋学者会議でも大いに注目された。小さいながらも鮫島の夢の一端が実ったのである。

法学者・ボアソナード

フランスから日本へ向かう文化の流れにも大きな実りがあった。当時四十八歳になるパリ大学法学部准教授ボアソナード・ド・フォンタラビーの日本政府への雇い入れである。フランス法に基づく近代的な諸法典編纂の準備を進めていた司法省では、法制度を研究するため若い能吏をフランスへ派遣する一方で、司法大輔佐佐木《ささき》高行《たかゆき》に命じてフランス人法学者の雇傭計画を進めていた。明治六年（一八七三）二月一日、佐佐木は人選を鮫島に任せた。鮫島がパリ大学総監のシャルル・ジロー教授の紹介でボアソナードと知り合ったのはその頃である。

ボアソナードは鮫島の依頼で、留学していた司法省の若者たちに憲法や刑法の講義を行なった。生徒にはのちに日本の法制度確立の立役者となる井上毅《いのうえこわし》、名村泰蔵《なむらたいぞう》、鶴田皓《つるたあきら》といった面々が顔を揃えていた。ボアソナードの講義とその人柄に感銘を受けた彼らの希望もあって、鮫島は彼の雇傭を決意すると、三月初めから交渉に入った。両者の条件が折合わず交渉は難航したが、鮫島の熱意に動かされたボアソナードもついに日本行きを決め、六月二十四日には雇傭契約が結ばれた。名村にともなわれてボアソナードが横浜に着いたのは十一月十五日、当初の予想とは裏腹に、以後二十年の長きにわたり彼は日本に滞在、法律顧問として法典編纂と法学教育に従事することとなる。法学教育を通して日本にフランス文化を根付かせたいと考える鮫島の熱い想いが、ボアソナードの気持ちを動かしたに違いない。

岩倉使節団と留守政府の対立

このころ日本では使節出発前の約定に違反して、留守政府の手で次々に新しい改革事業が実行に移されたため、政策の是非をめぐって各省間の軋轢《あつれき》が深まり、台湾、朝鮮などとの外交問題や人事問題も絡んで政府内部の対立は深刻となっていた。たまりかねた三条は、使節副使の大久保と木戸の両人を呼び戻す。両人はベルリン滞在中の三月十九日に帰朝命令に接し、大久保は同二十八日、一足先に帰国の途につき、遅れて木戸はウィーン、ローマ、ジュネーブと単独で巡遊し五月二十九日にパリに到着した。

留守政府が進める急進的な開化政策に、健全財政主義の立場から異を唱えていた大蔵大輔井上馨は、たびたび具申したにもかかわらず政策が改められないことに業を煮やし、五月七日、部下の大蔵省三等出仕渋沢栄一《しぶさわえいいち》と精根込めて書き上げた長文の建議書を正院に提出すると、渋沢ともども辞職した。彼らの主張はこうである。

「開明」とは、政策的には文物制度の西欧化であるが、実際には「民力」を育むことが先決である。文物制度ばかりが進み、人民の知力、能力がこれについていけなくなれば、人民は疲弊し、かえって国力が落ち、国家として成り立ち得なくなる。「開明」の基本となる富国を形造るにはまず「民力」の養成が必要であって、外面的な欧化政策ではない。「形を以てするものは求め易くして、実を以てするものは致し難し」と彼らは言う。

木戸の想いも井上たちと同じであった。ロンドンからやって来た寺島に、木戸は留守政府が実施した不当の改革十件をあげて批判、いずれも皮相にわたり実質的なものは一つもないと慨嘆した。木戸の深い歎息の中にこそ、その後の日本が抱えることになる内政、外交上のさまざまな矛盾が隠されていた。

六月四日、ラ・レーヌ・オルタンス通りの公使館で木戸を送別する宴が張られた。奇しくもその席には、わが国最初の外交代表三人が顔を揃えることになった。パリの公使館の主《あるじ》である弁理公使鮫島、ワシントンから日本へ帰国途中の代理公使森、そしてウィーン万国博覧会へ出席する特命全権公使寺島、三人の外交官たちは木戸を交えて何を話し合ったのであろうか。それはこの後の彼らの足跡を辿ることで想像する以外に道はないように思うのである。

鮫島と国際東洋学者会議

岩倉使節団の一行は、七月二十日、予定を早めてマルセイユから帰国の途についた。それからひと月半がたった九月一日、ヨーロッパで初めて開かれた国際東洋学者会議の壇上に鮫島はいた。第三分科会の開会挨拶で議長の鮫島は次のように述べた。

今日は日本がヨーロッパにおいて、西洋諸国と目的と将来を同じくするひとつの共同体に参加することを初めて公《おおやけ》に認められた日です。これまでわれわれはお互いに政治的、商業的な絆《きずな》で結ばれてきました。今日、われわれは初めて知的な絆を造りあげようとしています。そして、いつの日か、日本において教育がひとつの力を達成する日がやってくることを疑いません。その力はあなた方とともに、無知と偏見をとり除くことができ、しかも各国が結び合った社会関係においてこそ築くことができるものなのです（Congrès International des Orientalistes, Compte-Rendu de la Première Session, Paris-

1873)。

鮫島は日本国民の文明的な知識が、これからいっそう高まるであろうことを確信していた。教育と文化を通して、国際交流を進めていくことこそ、外交官が果たすべきもっとも重要な職務のひとつである、と彼は考えていた。その職責を全うするために、鮫島は大量の書物を抱えて九月二日、ノルマンディへと旅立ったのである。

「場」としての外交

奔走する鮫島尚信

明治六年（一八七三）九月十三日にヨーロッパから帰国した岩倉具視《いわくらともみ》は、一週間後の十九日、パリの鮫島尚信《さめしまなおのぶ》にあてて礼状をかねた長い手紙を書いた。

浮上する外交問題

国内の開化進歩も形ばかりで格別のことは何もない。台湾始末も紛議が絶えないがすぐに着手のこともあるまい。朝鮮征伐も即時のこととは思われない。樺太《カラフト》のロシア住民暴動はすて置き難くもっぱら評議中である。清《シン》国問題は副島の尽力があるものの不十分と思われる。井上、渋沢の辞職、さらに島津久光《しまづひさみつ》の進退問題なども心配である等々（『岩倉具視関係文書』五）。

すべて岩倉が滞欧中に起きた重大な事件ばかりである。これらの諸事件はその後の日本の進路を大きく変えていくことになる。

岩倉の心配の種は尽きなかった。

台湾始末も朝鮮征伐も、いずれも清国問題と連動していた。立役者は外務卿副島種臣《そえじまたねおみ》である。明治四年（一八七一）十一月、琉球《りゅうきゅう》島民が台湾南部の原住民に殺害された事件を発端に台湾出兵の論議が起る。琉球藩の外交事務を外務省管轄に移した上で、副島は清国との交渉に臨む。台湾事情に詳しい前厦門《アモイ》駐在の米国領事ル・ジャンドルを顧問に雇い入れ、明治六年（一八七三）三月、日清修好条規の批准《ひじゅん》書交換を目的に副島は清国へ渡る。対清交渉において、副島は独自の「春秋外交」を戦略に用いる。国際法の時代にあっても、外交の基本理念は史書『春秋《しゅんじゅう》』の精神に置くべきだという。中国春秋の時代は、弱肉強食の世であっても信義と名分が重んじられた。清は自ら中華意識を捨て、各国と信義に基づく対等外交を展開していく必要がある。総理衙門《そうりがもん》における諸大臣との会談で副島はそう述べた（拙稿「明治初期外交指導者の対外認識」）。

この論法でいくと、国家主権の問題も信義の中に解消されてしまい、その国が信義に悖《もと》る行動をとった場合、討伐すべき相手として正当化されることになる。台湾と朝鮮の場合がこれにあたるというわけである。この論法で巧みに清を説き伏せ、台湾原住民は清の教化に服さない「化外《かがい》」の民であるとの言質《げんち》を得ることに成功する。

一方、朝鮮については、日本が信義に基づく交際を求めても、相手が頑固にこれを拒絶すれば、征伐すべき対象とならざるを得ない。駐清英国公使ウェードとの会談で、「彼もしその頑愚《がんぐ》を極《きわ》めつひに覚なることあたはずんは、或は兵力を用ふるもまた未《いま》だ知るべからず」（六月九日、『外交文書』第六巻）と言う時、副島が「征韓」も視野に入れて論じていることは明らかである。

副島は清国皇帝同治帝《どうちてい》との謁見でも、伝統的な跪拝《きはい》（ひざまずいておがむ）の礼を拒絶し、立ったまま三揖《さんゆう》（三回おじぎをする）の礼を行なったのち国書を奉呈した。こうした副島の行動は、日本の威信を高めたとして内外で称揚された。副島国権外交と呼ばれる所以《ゆえん》である。

この副島の論理に真向うから反対したのが大蔵大輔井上馨《いのうえかおる》であった。副島の渡清直前の二月、井上は太政大臣三条実美《さんじょうさねとみ》に対し、五ヵ条からなる征台反対の意見書を提出する。外国人の意見を信用することの愚とともに、内政多端の折《おり》に兵を起すなどもっての外《ほか》であり、財政破綻《はたん》につながるだけでなく、その弊害は甚しく国家の正常な発展をも妨げることになると手厳しく批判する。中でも、第一条は注目すべきである。井上いわく。「問罪の義務」を名分とする欧米列強の帝国主義的政策を、国力のないわが国が真似《まね》たところで、結局は国家を疲弊《ひへい》させるだけである。プロシアや米国が台湾を侵略する前に日本が占領すべし、などという「外人の臆説《おくせつ》」には耳を貸すなという。平和的なアジア外交は井上の信条であったし、みだりに外人顧問の意見に耳を傾けることにも批判的であった。

副島は外務卿の権限強化と省内機構の整備拡充にも熱心であった。本省に局・課を置いて仕事の能率を高め、領事官制度を定めて省員が海外へ駐在する機会を増やした。外務省の組織強化は太政官政府の改変と関係がある。留守政府は明治六年（一八七三）五月二日、「内閣」を新たに設けて、参議を「内閣の議官」とし、彼らに大きな権限を与えた。当然のことながら、閣議の議決権は肥前《ひぜん》派・土佐《とさ》派の参議たちに握られる。参議西郷隆盛《さいごうたかもり》を使節として朝鮮へ派遣することも、八月十七日のその閣議で決まった。ところが、岩倉使節が帰国後の十月、この西郷派遣をめぐって、政府内で大論争が起り派閥の対立が深まる。征韓論争である。内治優先派と目される岩倉具視・大久保利通《おおくぼとしみち》らが、外征派といわれる副島・板垣退助《いたがきたいすけ》らを制して西郷の朝鮮派遣中止の裁可を得る。十月二十三日であった。この日、西郷はただちに辞表を提出、翌日には板垣・後藤象二郎・副島・江藤新平《えとうしんぺい》の四参議も辞表を提出し下野《げや》した。明治六年（一八七三）十月の政変といわれる。

征韓論争

十月二十五日、大久保は政変後の新体制について大隈重信《おおくましげのぶ》・伊藤博文《いとうひろぶみ》と協議し、その日のうちに大蔵卿大隈、工部卿伊藤、外務卿寺島宗則《てらしまむねのり》、司法卿大木喬任《おおきたかとう》、海軍卿勝安芳《かつやすよし》の各

図11　マルソー通りの元日本公使館

省長官人事を決めた。彼らはいずれも参議兼任となる。いわゆる参議兼卿制《さんぎけんきょうせい》である。やがて政府の実権はこの参議兼卿に集中し、大久保体制を築いていく。十一月には大久保は内務省を新設し自ら内務卿におさまり政府の中枢を握る。

鮫島のパリでの活動

海外の外交官たちは政争の埒《らち》外《がい》にいた。

凱旋門《がいせんもん》から南へ向かって、パリ市内を大きく貫く通りがある。マルソー通り（Avenue Marceau）である。往時はジョゼフィーヌ通り（Avenue Joséphine）と呼ばれていた。通りの地番はセーヌ河に近い方から遠い方へ向けて順につけられ、若い番号から数えて右側が偶数番、左側が奇数番と決められている。一八〇五年以来守られてきた規則だというから歴史が古い。七十五番地にその建物はあった。パリ市街が近代化された十九世紀中頃のオスマン様式をもつ。堅牢な造りの立派な建物である。この建造物がかつて日本の公使館であったことを知る者はほとんどいない。

明治六年（一八七三）七月十日、鮫島はこの建物を、所有者であるリール市議会議員のソワン・ダルガンビから借り受けた。とりあえず六年契約で、家賃は年一万八千フランと決められた。これまでのラ・レーヌ・オルタンス通り二十六番地から公使館がここに移転したのは九月八日である。以後契約は三回更新され、日露戦争後の明治三十九年（一九〇六）八月、オッシュ通り七番地に新しい大使館が建つまでの三十三年間、この建物はマルソー通りの日本公使館として多くの人々に愛され続けた。

余談ながらかの文豪夏目漱石《なつめそうせき》も、明治三十三年十月、英国留学へ向かう途中、万国博覧会見物のためパリに立寄った際、この公使館を訪れている。日記に「十時頃より公使館に至り安達氏を訪ふ、あらず。その寓居を尋ねしがまた遇はず」（十月二十二日の項）との記載が見える。安達氏とは、漱石の友人安達峰一郎《あだちみねいちろう》のことで、当時公使館の二等書記官を務めていた。のちに駐仏大使となる人物である。

ところで、九月から十月にかけて静養のためノルマンディへ出かけていた鮫島が新しい公使館へ戻ったのは十月二十四日、そして翌月二十二日に彼は特命全権公使へ昇格した。しかし鮫島の体調は思わしくなかった。岩倉使節の訪欧などで激務が続いたためか、もともと肺を患っていた鮫島の体はひどく弱っており、長期の療養が必要であった。

明治七年（一八七四）一月十二日、新任の一等書記官中野健明《なかのたけあき》を改めて臨時代理公使に任命した上で、鮫島は再びパリを離れ南仏トゥーロンへ赴いた。トゥーロンでの療養生活は半年近くに及んだが、この地で彼は外交学の研究に没頭した。この間、パリではマーシャルによる情報活動が続けられている。

日米郵便交換条約は前年八月にすでに調印され、この四月十八日に批准《ひじゅん》交換されたばかりであった。だが、英国とフランスは、日本の法制度の遅れを理由になかなか調印に応じようとしなかった。条約改正という大仕事の前に、郵便主権の回復は、日本がぜひとも達成しなければならない外交案件であった。英仏両国の思惑を探るため、マーシャルがロンドンへ出向いたのは五月初旬である。マーシャルは外務省で第二次ディズレリー内閣の外相ダービー伯爵と非公式に会談した。その時の英国側の見解を次のように報告している。

第一に日本の進歩は有名無実であり、外形ばかりで精神、思想に及んでいないため西欧諸国と同等に扱うことはできない。第二に英国の郵政長官は条約締結に反対である。第三に日本の領事裁判権を廃止することはできない。第四に関税率は改正する必要があろう（『外交文書』第七巻）。

ダービー外相の意見に対し、マーシャルは英仏両国も米国と同じく郵便条約を結ぶべきであり、関税自主権を日本の主権として認める必要がある。また法権についても混合裁判所の制度を検討するのが適当と考える、と主張した（石井孝『明治初期の国際関係』）。

マーシャルの強い反論にもかかわらず、英国は、現在の日本の文明状況では自国の大切な郵便物を取り扱わせるわけにはいかない、というのである。日本の文明もずいぶん見くびられたものである。ただし、この時に述べたマーシャルの意見が、その後税権回復交渉を進めるにあたって、とくに米国の有力な判断材料となった点は見逃してはならない。対米交渉の円滑な進展にはマーシャルの広範な情報活動が効を奏したわけである。

英国の判断はフランスにも影響を与えた。フランス外務省から郵便条約調印拒否の回答があったのは十月になってからである。自分が最初に外相と会談した時には、相手は満足の様子を示していたのに、今回の翻意の背景に、英国と共同歩調をとろうとするフランス政府の外交姿勢があるのは明らかだ、と鮫島は本国へ報告している。

フランスでは前年の五月に王党派のマクマオン元帥が大統領に就任し、オルレアン派のド・ブローイ公爵が首相となるなど、共和派と王党派の対立が表面化し内政は不安定であった。共和国憲法が制定されるのは、ようやく一年後の一八七五年になってからである。

鮫島の叙勲

フランス政府から鮫島尚信へレジョン・ドヌール・オフィシェの叙勲の報らせが届いたのは、彼がトゥーロンからパリへ戻って一週間後の明治七年（一八七四）六月一日であった。叙勲の報らせは鮫島にとって最高の喜びであったに違いない。これまで三年にわたり、日本とフランスの架け橋となって果たしてきた努力が、ようやく報われたという想いで一杯になったであろう。ドゥカーズ外相あての礼状にこう記す。

フランス国に赴任してから当地で受けました温かいもてなしを、ますますありがたいと感じるようになって参りました。本日、閣下より、この格別の名誉の証《あか》しを賜りましたことは、この上なきご厚情と存じ上げます。……政府は本件に深く満足し、そこに日仏間のすばらしい関係の新たな証しを見出すはずですし、その関係を強化すべく努力するのが私の努めであります（六月三日付、『鮫島尚信在欧外交書簡録』）。

マーシャルと共同で進めてきた外交学の研究が一書の形でまとまる目処《めど》がついたのもこの頃であった。それは日本人の手になる最初の外交入門書であった。原稿、校正いずれにも厳しいチェックを入れ、手間ひまかけて仕上げた鮫島の自信作であった。書名は Diplomatic Guide と題され、パリ日本公使館作成（Drawn up by The Legation of Japan in Paris）となっている。鮫島はこれを『外国交法案内』と呼ぶ。すべて英文である。出版の目的は、日本の外交官たちにヨーロッパの複雑な外交慣行を理解させ、外交実務の基本的知識を教えることにあった。本書で鮫島は、若い外交官たちが現地で多くの経験をつむ必要を説き、国際法を金《きん》科《か》玉条《ぎょくじょう》のように考えることを戒めた。彼はそれが、パリの公使館内だけでなく、端緒についたばかりの日本の外交筋で広く利用されることを願った。それだけの自負が鮫島にはあった。外務卿寺島にあてた書簡に言う。

先般小生巴里《パリ》府在留中、遣外諸官の勤方《つとめかた》、近要の事件知りやすきのため、外国交法上に関渉《かんしょうそうろう》候　諸書籍中より実緊《じっきん》の箇条《かじょう》を抜萃《ばっすい》し、かつ現今該府《がいふ》各国公使館において用いおり候実地適当の交法をあいそえ、すなわち外国交法案内と名づくる一小冊を編《へん》輯《しゅう》し、ついに彼地《かのち》にて活版印行の義依託《いたく》おき候（明治八年三月十九日付、『寺島宗則関係資料集』下）。

印刷製本は英国のブラックウッズ社が引き受けた。初版二百部。参考にした書籍は、ヴァッテル『国際法』、フィルモア『国際法』、カシー『外交辞典』、ドゥ・マルタン『外交便覧』、ブロック『政治辞典』など十数冊の多きに及ぶ。改めて日本語版が出版されれば便利この上ないと思うがどうか、と寺島に奨《すす》めている。残念ながら日本語による出版は実現しなかった。

しかし、鮫島の健康状態は思いのほか悪くこのままパリに留まることを許さなかった。ノルマンディの保養地ディエップでひと夏を過した鮫島は、秋には再びパリへ戻って帰国の準備をはじめた。十一月二十日にパリを発ち、南仏リヴィエラのイェールでひと月ほど体を休めてから、病身の鮫島は十二月二十日、ようやくマルセイユを出帆することができた。『外国交法案内』百九十二冊がマルセイユから日本へ向けて船積みされたのは、鮫島

図12　上野景範（石黒敬章氏所蔵）

出帆後二週間を経た翌年（一八七五）一月三日のことである。

上野景範と青木周蔵のパリ到着

鮫島と入れ違いに、駐英公使の上野《うえの》景範《かげのり》が十二月一日、駐独公使の青木《あおき》周蔵《しゅうぞう》が十二月三日、それぞれ部下を随えてパリに着いた。条約改正を本格的に進めるにあたって、寺島外務卿は在外公館と領事館の充実をめざし、主要各国へ外交力のある優れた人材をつぎつぎと送り込む。その第一号が上野と青木であった。上野は外務少輔からの転任で九月十三日付で特命全権公使として英国駐在を命じられ、青木は当初代理公使であったが、九月三日付で改めて特命全権公使へ昇格しドイツ駐在となった。本省出仕からの転出である。上野も青木も弘化《こうか》元年（一八四四）生まれの三十歳である。両人はともに同じ船で十月十三日に横浜を出帆、地中海経由で十一月二十五日イタリアのナポリへ入港した。上野と青木はここで別れる。上野は同郷の中井《なかい》弘《ひろし》を書記生の資格で同伴していた。陸路ローマを経て十二月一日パリ着、ロンドンに到着したのは十二月十三日夕方である。一方の青木はそのまま船で十一月二十七日にマルセイユ到着、十二月三日パリ着、ついで同六日にはベルリンに入っている。

上野はローマから寺島へ私信を送る。その中で台湾問題を解決へ導いた大久保の外交手腕を讃え次のように述べる。

諸事 穏《おだやか》に決定いたし候のみならず、かえって支那より五十万テールの償金あい払うべき趣《おもむき》、決約あいなり候由 承《よしうけたまわ》り内外のために祝うべき事にて雀躍《じゃくやく》この事にござ候。……さすが大久保氏の力によりてかく穏に決定あいなり候は誰も意外に存じ大久保氏の名誉はいよいよ盛《さかん》にあいなり申候（十一月三十日付、『寺島宗則資料集』下巻）。

上野は日清間の交渉妥結を、ローマに駐在する河瀬真孝《かわせまさたか》公使より聞く。

台湾出兵問題

明治七年（一八七四）いっぱい、外務省は台湾出兵問題に忙殺された。二月六日、台湾出兵が閣議決定すると、四月四日には台湾蕃地《ばんち》事務局が置かれ、長官に大隈、事務都督に陸軍中将西郷従道《さいごうつぐみち》が任命されて出兵の準備を整えた。琉球藩民を殺害されたわが国が、「無主の地」である台湾に報復のため出兵するのは当然の義務、との判断が働いていた。出兵論の中心は大久保と大隈であった。外務卿寺島は出兵には反対で、清国との外交交渉を先決とすべきを説いていた。だが、五月二日、西郷は独断で出兵を強行し、六月三日には台湾各地の原住民をほぼ制圧した。台湾出兵は寺島の危惧したとおり、日清間の大きな外交問題へと発展する。琉球、台湾の主権問題をめぐって交渉は長びき、九月、大久保自ら全権弁理大臣となって北京へ赴く。大久保は国際法に詳しい法律顧問ボアソナードを同伴する。交渉決裂直前になって英国の駐清公使ウェードの調停で日清間に妥協が成立、十月三十一日に「日清両国間互換条款《ごかんじょうかん》及互換憑章《ごかんひょうしょう》」が調印された。清国は台湾出兵を「義挙」と認め、償金五十万両《テール》を支払い、日本は台湾から撤兵した。

大久保の得意や思うべし。その日の日記に、これまでの「焦思苦心」は言語のつくす所にあらずと書き、翌十一月一日、通州から白河を下る船中にてこう誌す。

> 滞在およそ五十日余、実に重難の任を受け、困苦言ふべからず。幸に事なり局に至り北京を発し自ら心中快を覚ふ。嗚呼《ああ》かくのごとき大事に際す古今稀有《けう》の事にして生涯また無き所なり。舟中無事。この日天気ことに平穏。秋天高霽《しゅうてんこうせい》、四望浩々《しぼうこうこう》海の如し。往事を思ひ、将来を考へ、潜《ひそか》に心事の期するあり（『大久保利通日記』二）。

北京での外交交渉を通じて、日本は初めて大国清に自らの力を示すことができた。それはたしかに大久保の功績に違いない。しかし「潜に心事の期するあり」と語った大久保の胸中にあったのは、武力であれ経済力であれ、日本の文明力を今後アジアにおいていかなる形で、どのように築いていくか、ということではなかったろうか。

樺太問題

大久保政権の計画は順調に進んでいた。

台湾問題に決着がついたころ、隣国ロシアでは駐露公使の榎本武揚《えのもとたけあき》が樺太《カラフト》問題をめぐって日露国境画定交渉に入っていた。前年五月の黒田清隆《くろだきよたか》の建議以降、樺太放棄は政府の基本方針となっていた。北方問題に詳しい榎本を全権公使に抜擢したのは大久保である。榎本とロシア外務省との交渉は十一月十四日からはじまり、数回の協議を経て、翌明治八年（一八七五）三月二十四日の会談で、日本が樺太全島を譲り渡す代わりに、ロシアはクリル諸島全部を割譲するとの合意に達した。ロシアが意外に早く妥協したのは、バルカン半島で敵対関係にある英国が極東問題に介入してくる危険性があると判断したからではないか、と榎本は推測している。榎本とロシア外相ゴルチャコフとの間で「樺太千島交換条約及び付属文書」が調印されたのは五月七日である。

上野の対英外交

ところで上野は、パリの公使館でマーシャルとたびたび会って情報交換している。上野いわく。マーシャルは現在の日本の実情にはうといせいか、内地開放をすぐにしろとか過激の論も吐いていたが、現状をよく説明したところ大いに理解したらしく、これからはなるべくこのパリで「プライウェートの交際」をしながら、日本における欧米各国公使の実態が「インダイレクトリィ」（間接的）に英国政府の耳に入るように仕向けたい、と語った。自分が命じられた任務も、彼の助けを借りて成功させるつもりである（十二月十六日付、寺島あて書簡）。

鮫島がひとまずパリを離れたあと、マーシャルは上野との間に情報のパイプを新たに設けたようである。

ロンドンの公使館は、寺島帰国後、一等書記官の本《もと》野盛亨《のもりゆき》が臨時代理公使として統轄管理していた。上野が赴任する四ヵ月ほど前の八月十八日、本野は公使館をこれまでのベルグレイヴからケンジントン・パーク・ガーデンス九番地（No.9 Kensington Park Gardens）へ移した。建物は四階建てで、ケンジントン公園の東側、ノッティング・ヒルの一画にあった。北側は通りに面し、南側は庭園となっていてラドブローク・スクエアへと通じていた。家賃は年三百二十五ポンド。ベルグレイヴの公館にくらべて地の利は悪かったが、部屋数も多く執務には便利であった。

図13　ケンジントンの元日本公使館

上野が着任した時、ケンジントンの公使館には本野と鈴木三等書記官のほか、三人の書記生（近藤真鋤《こんどうますき》、立田革《たつたかく》、園田孝吉《そのだこうきち》）と英人パーカーがいたので、上野と中井弘が来たことにより八人の大世帯となった。着任早々、上野は彼らを統御するのに一方ならぬ苦労をする。とくに寺島の肝煎《きもい》りで同伴した中井が、その奇矯な行動と虚言ゆえに館員一同から疎《うと》まれ、ついに辞表を提出して帰国してしまう。明治九年一月のことである。途中巡った地中海、中東諸国の見聞体験を、中井は秀逸な文明論の形で残す。『漫遊記程《まんゆうきてい》』という。

また、館内の人事問題もさることながら、上野は当初からこの公使館が気に入らなかった。寺島にあてた書簡に言う。

各国公使等居住の場所とは余程《よほど》の隔絶、多くはシチイ辺の商店の番頭として日々出稼の者の住所にこれあり、公使館の名に対し不都合少なからず、それがため四方交際も充分の往復できかね、ほとんど困却いたし申し候（明治八年七月十五日付）。

地理的に不便で他国との交際に支障をきたすばかりか、建物自体が粗末で日本の威信にもかかわる。したがって早急に転館したいと希望する。オールコックら親日派の人々からも「公使館の地位に不適当」だと忠告を受けていた。しかし、本省はこれを許可せず、以後もたびたび上野は移転を上申している。十月二日付の書簡では、日本の公使館だけがこのような辺鄙《へんぴ》な場所にあることは、「政府の御失体」にもなろう、と批判する。根拠は、政府が実行に移そうとしている朝鮮問題にあった。同じ書簡にこうある。

然《しか》るに、この頃の御報知によれば何か朝鮮といよいよ確釁《かくきん》の端を発《ひら》き候趣《おもむき》、すこぶる御失措《ごしっそ》とは相考へ候へども、この上は致し方これなく候間、たとえ国力を尽くしても我の名誉を失はざるようこれありたし、当春以来海軍省より両艘の軍艦朝鮮近海へ測量のため差し越し候趣《おもむき》、何故にその近海の測量も右様急に緊要なりしや、僕をもつてこれを見奉れは、我より手を出して事を求めんと計りしものの如し。たとへ老西郷を引出すの策にもせよ国計の多不足も知らずして、むやみに事を好むは良策とは申せられず候（『寺島宗則資料集』下巻）。

続けて、日本が英国で募集している国債が二分急落した原因が、これで判明したとも言っている。朝鮮と事をかまえるのは、日本にとって大きな損失である、として政府の失策を戒《いまし》める。今、海軍省の行動も見え透いており、当面は国際社会で日本の名誉を失わないように力を尽くすべきだと言う。「場」としての公使館の問題と同様、上野にとって朝鮮政策は明らかに政府の「失体」と考えられていた。「場」と外交政策は連動していた。

ロシアとの国境問題を解決した上で、朝鮮との外交交渉に臨む、とするのが政府の当初における計画であった。朝鮮に対する交渉方法をめぐっては政府内部に対立があった。岩倉、大久保、黒田ら強硬派と寺島、伊藤、井上ら和平派である。五月に樺太千島交換条約が調印されたことにより、強硬派は勢を得た。

江華島事件

朝鮮江華島《こうかとう》事件が起ったのは明治八年（一八七五）九月二十日である。測量と調査を目的に朝鮮の領海を侵犯した軍艦雲揚《うんよう》が江華島砲台から突如砲撃を受けた。これに対し日本側は報復攻撃を実施、陸戦隊を上陸させ砲台を占拠すると、大砲・小銃等を捕獲して日本へ持ち帰った。明らかに日本の挑発行動であった。ただちに政府内で対策が検討される。

寺島外務卿は、朝鮮の宗主国である清国との外交交渉を先決とし、その後朝鮮へ使節を送るのが得策と主張した。だが、十月二十七日の閣議は、朝鮮へ問責《もんせき》の使節を派遣すべきと決定し、ついで十一月一日、それと併行して清国へもしかるべき使節を派遣するとの結論に達した。この閣議決定を承《う》けて、同十日、外務少輔の森有礼《もりありのり》が全権公使に抜擢され清国へ赴くことになる。後任の外務大輔にはフランスから帰国療養中の鮫島尚信が就任した。鮫島については、現地から再赴任を期待する声が多く届いていた。森も鮫島も和平派である。

政府は十二月九日、開拓長官黒田清隆を特命全権弁理大臣に任じ朝鮮へ派遣することにした。強硬派の黒田が暴走しないようにする必要があった。藩閥の均衡も考えて、和平派の井上馨が副使に選ばれた。命をうけた時の心境を、後日井上は、「真に平和をもって一《ひと》先《ま》保持《ず》」すべきと思い、「已の名誉」も捨てて「平均論」にしたがっただけだと木戸孝允《きどたかよし》に語っている（明治九年四月二日付、『木戸孝允関係文書』一）。

黒田の派遣が決まったその日、寺島と鮫島は列国公使へその旨《むね》を通知し支持を得た。独仏両公使に対し、鮫島は今回の使節派遣はわが国と朝鮮の両国に利益をもたらすだけでなく、追々は世界一般にも利益が広がるはずであり、とりあえずは航海安全の確保と貿易推進が目的である、と語った。

明治九年（一八七六）一月六日、黒田全権一行は六隻の艦船を率いて品川を出発、江華《こうか》府《ふ》における数回の会談を経て、二月二十六日に朝鮮側全権と日朝修好条規《にっちょうしゅうこうじょうき》十一ヵ条に調印、軍事力を背景に朝鮮との国交回復に成功した。朝鮮が清国の属邦でないことを明確にする必要から、第一条には朝鮮を独立国と見なす規定が設けられた。条項成立には駐清公使の森と清国の実力者である直隷総督《ちょくれいそうとく》李鴻章《りこうしょう》との直接交渉が影響を与えていた。このほか、日本に片務的な領事駐在権や領事裁判権を認め、朝鮮の一方的な開港規定を設けるなど、条約には明らかに不平等な内容がもり込まれていた。

幕末に日本が欧米列強から押しつけられた不平等条約に、かなり似かよった内容をもつ。安政五ヵ国条約との類似性を指摘しつつも、各国代表は、日本が自ら東アジアに西欧的な条約システムを持ち込んだことを評価した。

日本は西欧的な外交法により朝鮮を強制的に開国させた。それは東アジアに現存する伝統的な華夷秩序《かいちつじょ》を否定することでもあった。清国はそれを認めなかった。朝鮮をめぐる両国の対立がここに始まる。

マーシャルのインテリジェンス活動

不平等条約改正へ向けて

朝鮮を西欧的な外交法で開国させたことに自信を得た政府は、いよいよ列強諸国との条約改正に踏み切る。「万国対峙《ばんこくたいじ》」、すなわち西欧諸国と国際社会で対等に並び立つには、どうしても国の財政を豊かにしなければならない。それには国内産業の保護育成と貿易関税の収入増加が不可欠であった。

西欧経験の豊富な寺島外務卿は、欧米の経済理論を基にした独自の経済観をもっていた。「物用主義《ぶつようしゅぎ》」である。英国の経済学者アダム・スミス流の予定調和的な観点から、世界各国間で物資の交易が広がれば広がるだけ人類の幸福は増すであろう、と説く。だが、国家間の物の流れに極端な落差が生じれば、低位にある国の不幸は目に見えて大きくなる。したがって、人間に「自ら物用を資《たす》けて多福を膺《うけ》るの能力」が与えられている以上、われわれ独立国の国民たるもの、この差違ある物資の流れを適宜変えて、自国に幸福をもたらすように努力しなければならない、と寺島は言う（拙稿「寺島宗則の外交思想」）。

関税収入を確保するため、大蔵省から税権回復への強い要請を受けた寺島は、この「物用主義」を自らの外交理念として条約改正に臨む決意をする。寺島の上申に基づき、政府が関税自主権の回復を第一義とする交渉方針を決定したのは、明治九年（一八七六）一月十八日である。

交渉はまず米国から始まった。駐米公使吉田《よしだ》清成《きよなり》へあてた訓状で、寺島は税権回復を急務とすべき理由を次のように記す。

図14　寺島宗則

関税収入の増加が見込めない分だけ、国民に負担をかける結果となる。重税に喘《あえ》ぐ国民は、自分たちの困窮の原因は外国に税権を奪われているからだと考え、諸外国との交際を不快に思うようになり、彼らの間にしだいに排外的な気分が広がるであろう。それが日本にとって最も危険である。こうした危険を取り除くためには、「固有の国権」たる税権を早急に回復し、民心を安定させる必要がある（四月二十五日付、『条約改正関係日本外交文書』第一巻。以下、『改正関係文書』と略す）。

訓状の送付後、外務大輔鮫島が英国公使パークスと会見、税権回復の意図を説明した。関税自主権は独立国として当然認められるべき権利であり、条約は互恵互譲主義のはずである。わが国も輸入税を改正する代わりに輸出税を廃止し、新しい港を開く用意がある、と述べた。これに対し、パークスは、輸入税が上がれば自由貿易の発達が妨げられるとし、日本の税権回復に真向から反対した（石井孝『明治初期の国際関係』）。

寺島も鮫島も、関税自主権を主権国家が持つべき固有の権利と考え、互恵主義という国際社会の普遍的な原理原則にしたがって交渉に臨もうとしていた。ただ、治外法権の撤廃については、わが国の法制度が完備し、その施行において外国人を満足させるに至ってはじめて要求すべきである、と考えていた。

米国との交渉は六月八日から始まったが、最恵国条項《さいけいこくじょうこう》により他の条約諸国に均霑《きんてん》することを恐れた寺島は、吉田駐米公使の主張する米国との単独交渉を避け、ヨーロッパ各国との同時併行による交渉方針をとった。列強中最大の難物は英国とフランスであった。

マーシャルの籠絡外交

吉田へ回訓直後の明治九年（一八七六）十一月二十七日、寺島は上野駐英公使と中野駐仏臨時代理公使にあてて、交渉開始前に両国の意向を探るよう指示、とくにマーシャルには内意を含めて秘かに探索を進めるよう命じた。その方法は、朝野を問わず「名望高説」をもって議会や世論を動かせる人物を籠絡《ろうらく》し、要路の人々へ働きかけて相手政府の意向を探れ、というものであった。いわゆる「籠絡外交」である。この時から日本は、パリの公使館を拠点に情報の網をヨーロッパ各国に張りめぐらし、マーシャルに諜報員《ちょうほういん》的な役を担わせるようになったと思われる。英国の日本語書記官アーネスト・サトウが、賜暇《しか》を了《お》えて日本へ帰任する途中、十一月十一日、パリでマーシャルと再会した際、マーシャルは、外国人の銃猟規則違反にともなう罰金の支払い先の件で、フランス政府を説得し、英国外務省と手を切らせることに成功したと言って得意気にこう述べたという。自分の目的は二つあり、「ひとつはあらゆる機会をとらえ、『和解』の方向で日本側に影響力を行使すること、もうひとつは、大陸諸国をできるだけイギリスから切り離すこと」であると（萩原延壽『遠い崖―アーネスト・サトウ日記抄―』12、「賜暇」）。

たしかに日本の外務省はマーシャルに対して過大な期待を抱いていた。そのことがマーシャルに大胆な行動をとらせる原因ともなっていく。

キリスト教政策

ここで注目すべきは、時を同じくして寺島が太政大臣三条実美《さんじょうさねとみ》へキリスト教対策の意見書を提出していることであろう。その中で寺島は、わが国へのキリスト教の流入は西欧の学術一般と等しく防ぐことは不可能であり、欧米諸国との交際が盛んになればなるほど、この問題は「熟案」し将来の計画を確定しなければ国家不測の事態に陥るかもしれない、と危惧する。さらに、そもそも近時のキリシタン問題は政府の「謬見《びゅうけん》」と言わざるを得ず、人間の思想と信仰については他人が決して干渉すべきものではなく、政令も及ばない領域と考えざるを得ないと述べ、政府施政の目的は、教法の是非や信仰の如何を問わず、すべて同一に「異教堪忍《いきょうかんにん》」(toleration)とすべきであると主張する（十二月五日付、「異教浸漸予防之儀《しんぜんよぼうのぎ》に付意見」、山崎渾子『岩倉使節団における宗教問題』）。

この意見書にはヴァッテルとドゥ・マルタンの『国際法』抄訳が参考資料として添えられていた。当時、日本も含めて多くの外交官たちが国際法の基本書と認めていたものである。条約改正を進めるにあたって、外交的にも政府がキリスト教寛容政策を積極的に採用し、信仰自由の意見を表明することが大事であると寺島は思っていた。キリスト教と文明をセットとして捉えている西欧諸国に対して、「トレレーション」（寛容）こそ、条約改正を有利に導く切札と考えられたに違いない。国際法における国家主権の問題を、欧米諸国による宗教的内政干渉と結びつけて、主権絶対を主張しようと思ったのではあるまいか。

井上の洋行

寺島と同じく、この時期キリスト教寛容論を唱えていた人物に井上馨《いのうえかおる》がいた。その井上は宗教寛容論を発表する前に洋行を願い出ていた。宗教問題も含めて、現在のヨーロッパ事情をじっくりと研究することは、井上にとって、日本の将来を考える上でぜひとも必要であった。それは若い時に充分果たせなかった英国留学を再現することであり、彼が立国のモデルと考えた英国文明を、制度や社会、人間などすべてを含めて根底から学び直す最大のチャンスでもあった。

井上が洋行辞令を手にしたのは明治九年（一八七六）四月二十二日である。財政経済研究のため三ヵ年のヨーロッパ滞在を命じられた。与えられた研究課題中に、ヨーロッパ各国政府の理財法と税法、関税関係の調査があった。寺島が進めようとしている条約改正を視野に入れての指示であることは言うまでもない。井上は妻武子と娘末子を連れて、六月二十五日、横浜を発つ。米国経由で九月十二日にロンドンに到着する。ケンジントン・パーク・ガーデンスの公使館近くのプライベートホテルにしばらく滞在したあと、「ハミリー」という経済学者の家に下宿する。伊藤博文《いとうひろぶみ》にあてて、「この人はエコノミストにて随分レヒテーション（reputation）もこれあり申候。先にてまず一ヶ年位は語学候て、かぢり読を起し申すべく候。この行は実に他念なく読書と決意候間、御放慮下さるべく候」（九月二十日付、『伊藤博文関係文書』一）と書き送っているところをみると、この経済学者はロンドンでもかなり評判の高い人物であったことがわかる。理財の才に秀でていた上野公使あたりの紹介であったに違いない。

読書の方法は留学生たちとの輪読であった。木戸《きど》孝允《たかよし》あての書簡に言う。

福沢書生三人まかりあり候処《ところ》、至て行跡《ぎょうせき》等もよく勉強まかりあり申候。人物も宜《よろ》しく、かつ従来日本に在るの時はフリイばかりをロジカルに唱《となえ》候者に候処、近来は大に悔悟《かいご》候て至てコンソルベーチーブ(保守的)とあいなり、民撰議院なども中々行われ難き事もあいわかり、フラクチースにこれなくては国の第一たるウェルス(富)を増植(ママ)する等できずという説を起し、毎サチューテー毎《ごと》に生《せい》の居処《きょしょ》に集合候てポリチカルエコノミーの書を輪読つかまつり候て、それよりその書を日本の実事にあてはめ論し、大なる益と存じ奉り候くらいに候ゆえ、真の学問を志す人、また真に憂国心ある人は追々コンソルベーチーフに趣き、中々あい楽みおり申し候（十月九日付、『木戸孝允関係文書』1）。

文中福沢書生のうち二人は、中上川彦次郎《なかみがわひこじろう》と小泉信吉《こいずみのぶきち》である。両人は明治七年（一八七四）十月、上野公使たちと同じ船で横浜を発ち英国へ留学、経済学を学んでいた。彼らが塾生時代は自由論ばかりを唱えていたのが、英国へ来てしきりに反省、実業を起さねば国は豊かにならぬことを悟ったようだと記し、毎週土曜日に井上の下宿に集まって経済書の輪読会を行なっている様子を語っている。この時、井上の知遇を得たことが二人に官界入りのきっかけを与えた。後年、中上川は三井銀行理事、小泉は横浜正金銀行支配人になるなど経済界でも活躍した。

井上は翌明治十年（一八七七）二月、妻武子同伴で二週間ほどパリに遊ぶ。上野公使夫妻も一緒であった。道中西欧における女性尊重の習慣に閉口し、「吾々のバルハリアンは婦人尊敬の一事には迷惑千万」と伊藤に書き送る。妻武子はパリでドレスなどを買いまくったようである。派手好みの武子の性格は井上にとって頭痛の種であった。婦人を尊敬しなければ文明人にあらず、とは井上一流の諧謔《かいぎゃく》である。

その月、日本では西郷隆盛《さいごうたかもり》による西南《せいなん》戦争が勃発、その動向に気を揉みながらも、井上は国家のため、人民のためにも反乱が早期に平定されることを望む。いわく、「この一挙にて政府の方向もあい定むへし、いかようの論説あい起り候とも、この度こそ政府すべて必死の力を極め、力を以て破滅せさる時は、後来いかがの不利を人民へ蒙《こうむ》り候や。また施政上の大害は実に大なり」（三月二十八日付、『伊藤博文関係文書』一）と。国家を文明の領域に進めるためには、民力の養成と産業の発達が不可欠だと考える。そして、国力の発展には兵力や経済力ばかりでなく、国際的信義の問題が大きくかかわっている事実を、井上は改めて認識したに違いない。

文明について少し寄り道をした。外交の問題に話を戻す。

マーシャルの活動

パリの中野代理公使から、マーシャルの活動を報告する公信が本省に届いたのは、明治十年（一八七七）四月十三日であった。公信は次のように伝える。

過日マーシャルが英国へ赴き上野公使と相談、フランス駐在の英国代理大使アダムスの紹介で英国外務省アジア局書記官コックレルと会い税権回復の趣意を反復論議したところ、相手もようやく納得してダービー外相へ伝えると約束してくれた。一方、フランス外務省アジア局長ブーレーは、英国の動きしだいで自分のところは方針を決める、と答えたということである（二月二十三日付、『改正関係文書』第一巻）。

マーシャルが最初に接触した人物が英国のアダムス駐仏代理大使であったことがわかる。アダムスはかつて在日英国公使館の書記官を務め、日本の事情に精通していた。この報告に関するマーシャル直筆の英文密書は、外務大輔鮫島尚信《さめしまなおのぶ》の手もとに置かれていたようであるが、現在それを見ることはできない。ふた月ほど後に書かれた鈴木二等書記官から鮫島にあてた手紙には、最近マーシャルの交際範囲も広がり、ドイツ大使ホーヘンローエ殿下や新しい外務大臣ドゥカーズ公爵とも大いに親交を深めている様子で、こうした社交外交を政府が積極的に支援して利用すれば、本人の気性から考え日本のために「周旋奔走」することと間違いない、と諜報員としてのマーシャルへの期待が記されている（四月二十一日付、「鮫島尚信関係文書」)。

西南戦争の勃発で本省の外交事務も一時滞ったが、同年七月に吉田清成駐米公使から新しい内容の協約案が届き、改正業務も再び息を吹き返した。米国の政権交代にともない、対日外交も有利な方向へ進み始めた。吉田からの新協約案に接した寺島は、米国との新協約実施には他国の同意が必要との判断から、ヨーロッパ諸国、とくに英国、フランス、ドイツとの同時交渉を進める。それにはヨーロッパの外交事情に精通したベテランの外交官を現地へ送り込む必要があった。寺島のたっての願いで、鮫島が駐仏公使として再び現場に復帰することになった。任命は明治十一年(一八七八)一月十一日である。

二月九日、寺島は英国・ドイツ・ロシア各国に駐在する公使に対し交渉開始の訓令を発した。鮫島は訓状持参の渡仏であった。訓令は言う。

日本は当初、ヨーロッパの外交法をまったく知らず、各国の勧めるままに条約を結び主権を侵害された。条約の不平等がわが国にとって「一大過失」であることをようやく悟った。ことに関税収入に多くを期待できないところから、国家財政も逼迫《ひっぱく》し、国民に重税を課せざるを得ない情況となった。民心を安定させ、貿易を盛んにして外国との交際を深めるには、わが税権を回復する以外に道はない。相互対等の原則に基づいて、このことをよく相手国に説明してほしい(『改正関係文書』第一巻)。

鮫島再びフランスへ

明治十一年（一八七八）二月十二日、鮫島はフランス郵船タナイス号で横浜を出帆した。妻サダと弟盛《もり》を同伴する。サダは元福岡藩士太田《おおた》廣正《ひろまさ》の娘で当年とって十七歳、一年ほど前に結婚したばかりであった。盛は一番下の弟で留学を兼ねての渡航である。このほかに従者の小城《おぎ》久二郎《きゅうじろう》、小浦《こうら》鉡三郎《しゅんざぶろう》、一等書記生河上《かわかみ》房申《ぼうしん》、同平山《ひらやま》成信《なりのぶ》らが随行した。小城はフランスで料理を学び、帰国後の明治十四年（一八八二）、芝公園内に西洋料理店三縁亭《さんえんてい》を開く。フランス仕込みの腕は政財界でも評判となり店は繁盛したという。

船には鮫島たちとは別に大勢の日本人が乗っていた。いずれも五月一日からパリで開かれる万国博覧会へ出席する人々である。博覧会日本部の副総裁を務める大蔵大輔松方《まつかた》正義《まさよし》をはじめ、担当事務官、出品人ら合わせて三十七名の多きにのぼる。その中には事務局傭《やとい》の資格で留学する工部美術学校の画学生山本《やまもと》芳翠《ほうすい》の姿もあった。渡仏後、芳翠は鮫島の庇護のもと画技を磨き、のちに肖像画の傑作といわれる鮫島尚信像を描く。パリ美術学校で巨匠ジャン・レオン・ジェロームに師事した芳翠は、ヴィクトル・ユゴーなど多くの芸術家たちと親交をもち、明治洋画壇の雄、黒田《くろだ》清輝《せいき》の画才を見抜いたことでも知られる。

鮫島がパリに着いたのは三月三十日、四年ぶりに見るジョゼフィーヌ通りの公使館は相変らず厳粛なたたずまいを見せていた。鮫島には自分がいたずらに生き長らえていることが、時おり苦痛に感じられることがあった。「幸《さいわい》に年来の弱体瓦全《がぜん》まかりあり候」とは、到着直後に伊藤に認《したた》めた言葉である。だが、休んでいる時間はなかった。

鮫島は行動を開始する。まず英国であった。四月二日、英国大使館にアダムス代理大使を訪ね密談に及び、税権回復に対する側面援助を依頼した。さらに翌日、マーシャルをアダムスのもとへ遣《や》り趣意が伝わったかどうかを確認させた。アダムスはソールスベリ外相へあてた草稿をマーシャルに見せた。

アダムス草稿は、日本政府の要請は当然であり、英国が同意するよう提言したい、要求を認めれば、ロシアと対立する英国にとっても多大の利益になると思われる、と述べていた。この写しは外務次官や外相秘書官へも送り協力を要請しておいた、とアダムスはつけ加えた。

この情報は三条、岩倉、寺島へあてた「機密信」第一号によって本国へ伝えられた。日本の外交筋で「機密信」（confidential letter）が公信として正式に使用された最初である。鮫島は言う。

図15　イギリス代理大使アダムス（鹿児島県歴史資料センター黎明館所蔵）

今後機密の事件にて、もっとも他の漏泄《ろうえい》を憚《はばか》り候書翰は、機密親展の上書《うわがき》にて番号を付し、即ち今回をもって第一号と致し差し進み候条ご承知下されたく候（四月五日付、『改正関係文書』第一巻）。

この機密信の末尾で鮫島は念を押す。ソールスベリ外相へは別に昵懇《じっこん》の者を通じて、「内々周旋」の手段をとっておく必要がある。上野公使より要請がありしだいすぐに動ける態勢をとりたい、と。上野が来たのは翌朝である。迅速な行動とその連携プレーには感心する。上野が早々にパリの公使館へやって来たのは、籠絡外交をどう進めるかの問題もさることながら、財政多難を理由にした保護税的な観点から税権回復交渉を進めるには無理がある、ということを鮫島と話し合うためでもあった。鮫島もその点に懸念を示したが、すでに訓状も発送ずみであり、交渉方針そのものは変えないこととした。

外務省が在外使臣関係の公信・電信類の保管や処理に細心の注意を払うようになったのもこの頃からである。明治十年（一八七七）一月に公信局を公使課、領事課、会計課の三課に分けて事務分担を明確にし、翌年十月には在外使臣の職制に改定を加えている。鮫島のかつての建議に基づき、専門外交官養成のため、明治九年以降、欧米各地へ若い書記見習が派遣されるようになった。

ところで、露土戦争終結後のヨーロッパでは、バルカン半島におけるスラヴ系諸民族の独立をめぐって英露両国の対立が続いていた。しかし、ドイツ宰相ビスマルクの調停で、五月には両国間の緊張も融け、六月に予定されているベルリン会議へ向け準備が進められていた。こうした国際情況を見極めながら、鮫島は慎重に条約改正の交渉を始めた。英国の上野、ドイツの青木とも充分に打ち合わせ、相手国へ提出する改正説明の理由書も書き上げた。

理由書で鮫島は、日本の税権回復が国内産業だけでなく国際的にも広く貿易振興に役立つはずだと説き、ヨーロッパ諸国と同じく日本も文明国の一員であることを強く訴え、こうした問題意識を列国の外交担当者が持つことが大事であって、それは貿易よりもいっそう「高等」な問題なのだ、と主張した。これは西欧文明に対する鮫島の挑戦状でもあった。だが、鮫島の前に立ちはだかる文明の壁は、あまりに高く大きかった。五月六日のワダントン外相との初回会談で、鮫島はそれを思い知らされた。他の諸国も同じであった。条約改正に有利に働くのではないかとの判断から、鮫島はパリで開かれた万国郵便連合会議にも出席し、六月一日には万国郵便連合条約に調印した。加盟国の一員となることで日本の郵便主権は回復された。米国に続いて、英国、フランスも日本の開港地に置いていた郵便局を閉鎖し、郵便物の取り扱いはすべて日本側にまかせることにした。主権回復の一歩前進であった。

明治十一年四月四日、ロンドンの井上馨がパリの公使館に姿を見せた。鮫島が日本から持参した帰朝辞令書を受け取るためである。前年五月に木戸孝允が病死して以来、祖国のことが気にかかり井上は勉強が手につかなかった。十月に盟友の伊藤へ帰朝の意志を伝え、その返事を待った。三条、岩倉もこれを承知し、二月九日付で帰朝を命じた。鮫島から辞令書を受け取った井上は、再びロンドンへ戻り、五月に帰国の途についた。横浜到着は七月十四日である。その十日後の七月二十五日、米国ワシントンで税権回復に関する日米約書が調印された。いわゆる吉田・エヴァーツ条約である。条約は日本の関税自主権と沿岸貿易の統轄権を認め、互恵主義の原則により、代わりに新たに二港を開くと定めた。しかし、他の条約諸国が同じ内容の条約を日本と結ばなければ、この条約は無効となる。案の定、英国、フランス、ドイツはこれに同意しなかった。

英・仏・独の三国が日本の税権回復にあくまで反対する姿勢を見せたのは、自由貿易主義の立場から日本の保護貿易政策を妨害しようとする英国公使パークスの策謀があったからに外ならない。また、フランスのワダントン外相も、日本が貿易の利益をあげようとするなら、内地をすみやかに開放してヨーロッパ諸国の「貿易上の条理と意想」を国民に理解させるべきだと言い、税権回復ではなく新たな通商条約締結への道を探るほうが得策だと鮫島へ勧告した。

この結果、鮫島尚信、上野景範《うえのかげのり》、青木周蔵《あおきしゅうぞう》の三公使は協議のうえ、明治十二年（一八七九）一月、改めて新協定税率に基づく通商条約の締結を寺島外務卿へ提案、条約改正会議の場所をヨーロッパとすべきを具申した。英国のイニシアティブで場所はロンドンと決まった。しかし、ヨーロッパ諸国から税権回復の承認を得るのは難しいと知った寺島は、あくまで東京での国別談判を主張した。列国共同による圧力を避け、各国権益の差異を利用して、個別に日本側提案に同意させるのが得策だと判断したからである。

寺島の強硬な姿勢を前に列国側も折れ、東京会議に同意した。だが、寺島が税権の完全回復にこだわる限りにおいて、場所のいかんにかかわらず交渉が成立するはずもなかった。予想どおり交渉は難航し、現在の関税規則中で、日本が改訂を希望する箇条を締約諸国に通知するまでは交渉に応じられない、と英国が言ってきた。七月十五日のことである。あらかじめ日本が列国に対し税率の改正案を提出しなければ会議は行なわない、というのである。税権回復どころか、改正税率案の事前承認が必要だという。この英国側の強圧的な通告に寺島は憤慨し、交渉は決裂した。英国の同意を得られない以上、米国との間に結ばれた日米約書も無効とされ廃棄された。

改正交渉の挫折

その前日の十四日、ドイツ汽船ヘスペリア号が日本の検疫規則を無視して横浜に入港した。パークスの入れ知恵でドイツ弁理公使アイゼンデッヒャーが勝手に命じたものであった。この行動を重要な主権侵害と判断した寺島は、両公使に抗議の書簡を送った。アイゼンデッヒャーの所業は条約違反、国際法違反となるばかりでなく、内政干渉にもあたると難詰し、即座の回答を迫った。しかし、両公使いずれからも誠実な返事はなかった。この事件は、前年に起された英国人ハートリーによる生アヘン密輸の無罪判決問題とからみ、世論を刺激した。人々は外国人の横暴に憤り、治外法権を廃止しなければ国家の存立は危ういと思い始めた。自由民権派の諸新聞がこれを煽《あお》った。税権回復だけでは、もはや人々は納得しなかった。寺島は、世論の激昂を見て、税権回復にこだわった自分の非を認めざるを得なかった。

寺島外務卿の条約改正は失敗した。九月十日、寺島は引責辞職し文部卿へ転じた。後継は井上馨であった。日本の外交は新しいステージへ向けて第一歩を踏み出そうとしていた。

動乱の秋、欧化の途

シンボルとしての建築

井上馨の大夜会

明治十二年（一八七九）天長節の宵《よい》、霞ヶ関界隈は華やいだ空気に包まれていた。裏霞ヶ関を隔てて外務省から二町ほど南へ下った三年町の工部大学校講堂で、井上外務卿主催による大夜会が開かれたからである。

会場となった工部大学校講堂は、フランス系英国人建築家ボアンヴィルの傑作といわれ、二年前に完成したばかりであった。十九世紀ネオクラシシズムの伝統を受け継いだボアンヴィルは、その講堂を持前《もちまえ》の伎倆を駆使してヴィクトリア朝ネオルネッサンス様式を基調にした、三層構造の重厚な建物に仕立て上げた。講堂の完成で、日本ははじめて本格的なヨーロッパ様式の建物を持つことになったといわれる（藤森照信『日本の近代建築』上）。

赤、黄、白の三色の花飾りで表門をあしらい、門の上には菊形の花ガスを点じ、講堂に至る道の両側は紅白の球灯が掛けられ、あたり一面を明かるく照らし出していた。講堂正面から堂内隅々に至るまで菊花の鉢植が置かれ、堂中は馥郁《ふくいく》たる清香に満ちあふれていた。井上は妻武子とともに入口に立って来客を出迎えた。来会者は、大臣諸参議をはじめ諸外国公使、軍人、官吏、学者、新聞記者等々五百人の多きにのぼった。二階では軍楽隊による音楽が奏《かな》でられ、外人は舞踏に興じ、庭では花火が打ち上げられた。園内は一般庶民にも開放され、数千の群衆が集まり大賑わいとなった。夜の九時半から始まった宴《うたげ》がようやくその幕を閉じたのは、十二時を少しまわったころであった。

図16　工部大学校講堂

招かれた新聞記者の中には、民権派『朝野《ちょうや》新聞』の成島柳北《なるしまりゅうほく》、末広鉄腸《すえひろてっちょう》の顔もあった。かつてパリに遊び、俗物性と拝金主義を嫌った文人ジャーナリスト柳北も、ここでは風流を決め込み、欧化と伝統の間合いを楽しんでいたようである。『朝野新聞』は、前年五月に起った大久保利通《おおくぼとしみち》暗殺事件で、暗殺者の斬姦状《ざんかんじょう》を掲載したかどにより一週間の発行停止処分を受け、このころには発

図17　井上 馨

行部数も激減しかつての勢いはなかった。
内務卿大久保が暗殺されたのは明治十一年（一八七八）五月十四日の朝、参朝の途中であった。刺客《しかく》は石川県士族島田一良《しまだいちろう》ら六人、斬姦状は奸吏《かんり》の横暴と有司専制の弊を糾弾《きゅうだん》していた。その朝、来客に対して、これからの十年間こそ内治を整える大事な秋《とき》だ、と語った大久保の真摯《しんし》な想いは彼らに届かなかった。「紀尾井坂の変」は政治のあり方、国民のあり方をめぐって世論を大きく動かすきっかけとなった。『朝野新聞』の意図は、世論の喚起であった。

井上の工部卿就任

大久保の後継《こうけい》は、その右腕といわれた工部卿伊藤博文《いとうひろぶみ》であった。伊藤は薩摩の西郷従道《さいごうつぐみち》と川村純義《かわむらすみよし》の両人を、手際よく参議に推薦すると、井上をそのまま自分のあと釜にすえた。井上がヨーロッパから帰国して二週間後の七月二十九日のことである。工部卿に就任した井上が力を注いだのは迎賓館の改築と国賓接遇問題であった。工部省は明治七年（一八七四）以来、諸官庁の営繕事務と建築部門を管轄していた。銀座煉瓦街が完成した同十年以後、高度の工業技術者養成のために設けられた工部大学校のキャンパス造りにも熱心であった。ウォートルスに代わって、英国からアンダーソンやボアンヴィル、イタリアからはカペレッティなどの本格的な建築家を招き、彼らに図面を引かせた。

諸外国からの賓客が相つぐなか、井上は国家の威信を示すにふさわしい迎賓用の建物がないことに苦しむ。浜離宮内の延遼館《えんりょうかん》はすでに老朽化が進み、あまりに見苦しかった。しかたなく、他の官舎を修繕装飾して一時的に間に合わせるか、旧大名家の邸宅を借用するほかなかった。国賓に対する諸官員たちの接遇にも問題があった。賓客の接遇には一定の礼式が必要であるばかりでなく、諸官員たちにも外国人との交際に慣れてもらわねばならなかった。

外務卿に転任した直後の十月四日、井上は外賓《がいひん》待遇礼式取調委員長を命じられた。宮中に取調所を設置して、宮内卿徳大寺実則《とくだいじさねつね》らと井上は礼式規則の調査にあたる。条約改正を有利に導くためにも、西欧文明諸国の慣例となっている礼法を研究し、わが国の人情風俗に適ったものを作り上げる必要があった。調査が完成するのは一年後の明治十三年（一八八〇）十二月二十七日である。「内外交際宴会礼式」という。

工部大学校講堂の大ホールで行なわれた大夜会は、井上にとって、日本に国際的な礼法社会をつくり国民を文明に導く宿志の第一歩であり、条約改正を成功させるための一大イベントでもあった。この夜会の四日後、大阪で第三回愛国社大会が開かれ、各地から自由民権派の人々が集まって、国会開設要望の運動方針を決めた。世論の集結である。方針を受けて、『朝野新聞』は「条約改正を遂《と》ぐるの方法」と題する論説を掲げた。論説は冒頭で「条約改正は我邦《わがくに》目下《もっか》の最大緊務なり。断じてこれを行ふに非《あら》ざれば、我邦の疲弊《ひへい》はさらにますます甚しからん。疲弊ますます甚しければ民心必ず萎靡《いび》せん。民心萎靡すれば一国の独立必ず堅牢《けんろう》なること能《あた》はざらん」（十一月二十二日付）と断じた。さらにこう書く。

国民感情（national feeling）の乏しいわが国にあって、ひとり内閣大臣が条約改正の断行を唱えたところで、ヨーロッパ列強は日本を軽侮するだけである。要は国民感情を喚起せしめることである。それには「その感動に従って百事を議定する」国会がなければならない。条約改正の目的を遂げ、進んで治外法権を撤廃しようと思うならば、すみやかに国会を開設せよ、と。

森の駐英公使就任　第三回愛国社大会が国会開設の運動方針を決めた前日の明治十二年（一八七九）十一月六日、外務大輔森有礼《もりありのり》が駐英公使へ転任を命じられた。最難関の英国政府を攻略するには適任の人選であった。十月下旬に内命を受けた森に対して、当初井上は自分の意図は法権回復にあると語っていた。高揚する民権派の動きも睨んでの発言であった。出発を一週間後にひかえた十一月十二日、森は、英国代理公使ケネディにあてて注目すべき覚書を送った。覚書に言う。

内政上の大変革の開始と達成、転換された条約関係で必要な外交政策、これらにおいて日本は不本意でもなければ無能力でもないという事実を示した。この点で、日本は中国やほかの東アジア大陸諸国とは明らかに異なっている。日本は誠意をもって西欧の国際礼譲（comity of western nations）に参加してきたし、その礼譲がわが国に課している義務を進んで受け入れる一方で、日本はそれと同等の特権を充分に享受しうることを、それ相応に認められるよう望んでいる。

これは英国を相手に条約改正に臨もうとしている森の決意表明でもあった。覚書は英国外務省に送付された。国際礼譲とは、ヨーロッパ諸国の間で一般に行なわれている礼儀や便宜好意などによる慣習上のしきたりのことである。こうした義務を国際社会の道義として守ってきた日本は、当然ながら国家としての権利を行使できる立場にある、と森ははっきりと主張したわけである。日本の主権を西欧諸国に「それ相応に」（reasonably）認めさせるには、西欧の「国際礼譲」に則るしかない。それが国家として国際社会で生き残る唯一の道でもある。今後国際社会が進むべき方向に、日本も進まねばならない。「リーズナブル」とはそういうことであろう。

外務卿井上の考えも基本的に森と同じである。日本の主権を回復するには「国際礼譲」

主義を採用するしかないと思っていた。十二月三日、井上は駐英公使森有礼と駐仏公使鮫《さめ》島尚信《しまなおのぶ》に対し、法権と税権それぞれ一部回復をめざして交渉に入るよう指示を与えた。森からは法権、税権の同時回復交渉は困難であるとの見解が届いた。鮫島あての訓令末尾で、井上は、十一月二十七日、イタリア皇族ド・ゼーヌ公爵が来朝したことを告げ、延遼館を宿所に毎日のように夜会、会食の宴が張られたが、ずいぶん日本人が交際に不馴れで「困迫」することが多く閉口したと語っている。森あての訓令にはない言葉である。ヨーロッパ外交で社交慣れした鮫島には本音を漏らしたかったのであろう。鮫島の返事は辛辣《しんらつ》であった。

わが国の内地を全面開放しないのは「頑固の旧慣」であり鎖国と同じだと外国人たちは思っている。欧米各国と同様に外国人が日本の法律に従ってくれるならば、いつでも内地を開放しようとの主意を「弁明決答」する権限をわれわれに与えてほしい。交渉の際にこちらの論鋒が鈍るのもそのせいである。時間はかかるかもしれないが、この決心がなければ内地開放問題は、かえって相手方の「城塁《じょうるい》」となってしまう恐れがある。日本が内地開放しないのは相手がわが法律に従わないからであるにもかかわらず、その非はあたかも日本にあるかのような姿となっている。したがってわが法律に従うことを認めた国の人々に限っては内地開放を許可する、という方針をお採り頂きたいがいかがなものか（明治十

三年四月一日付、『改正関係文書』第二巻)。

行政規則の違反だけでなく、民事・刑事を含めたすべての裁判権を回復し、その上で国内を開放すべきだと言う。国を限定しての法権の完全回復である。しかし、鮫島の要求はすぐには聴き入れられなかった。

五月二十二日、新しい条約草案が各国駐在公使あてに送付された。そこでは、税権回復は財政収入を増やすための手段であって、産業保護を目的とするものではないこと、法権回復は、出版・遊猟・検疫・鉄道・水先案内などのわが国行政規則を外国人に守らせ、違反者には日本の法律を適用し処罰するのが目的であること、などが述べられていた。井上がめざしたのは、あくまで法権の一部回復と協定輸入税率の引き上げにとどまるものであって、主権の完全回復ではなかった。それは井上の漸進《ぜんしん》主義による。相手の出方と国際情勢を見極めながら、徐々に回復への駒を進めていこうという方針である。

森にあてた内訓で井上は、条約改正はもっとも「国家重大の事柄」であって、みだりに急げば「事《こと》粗《そ》漏《ろう》に渉《わた》る」危険もあり、充分考慮して好結果をもたらすよう努力されたいと述べる一方、新外相のグランヴィル伯爵とはとくに親交を深め、政務次官のチャールス・ディルクにもほどよく取り入るように指示を与えた。ディルクは親日家で、かねてより日本の法権回復に理解を示し好意的な論説も発表していた。

さらに追伸で、現在ヨーロッパで最も勢力があるのは英独両国であり、この両国さえ「籠絡《ろうらく》」できれば他国はわが掌中に握ったも同然で、両国に駐在する「その人を得ることこそ」最も肝要だと述べる。そして、駐独公使の青木周蔵《あおきしゅうぞう》にもビスマルク説得工作を指示するなど、籠絡外交の積極的な活用を推し進めた。

七月六日、条約草案が在日各国公使へ送付されると、予想どおり列国からの抗議が相次いだ。同十日、ドイツ公使アイゼンデッヒャーと会談した際、彼は井上に向かって日本が法権回復できないのは、内地開放に制限を設けている日本のほうが悪い、と指摘した。鮫島の危惧したとおりである。習慣風俗の違い、司法制度の未熟な点などから外国人が裁判権に服さないのは当然だと言う。井上は反論する。

日本は現在判事を育て、近代的な法律規則を作ることに日夜努力を重ねている。自分の「志」は、ひとえに「各国人民の文明教化」を伝習することにある。またその願いは西欧列国と同等の権利を持ち、同等の地位を占めることにある。条約改正の要求は尚早かもしれないが、国中一般の希望でもあり、これを等閑《なおざり》にすべきではないし、西欧各国がこの要求を全く拒絶する理由はないと考える。外国人が日本の「不義不信用」を嘆いていると言うが、外国人もかつて開港場で乱暴狼藉《ろうぜき》を働きその権力を奮ったではないか。その害毒は遺恨となって国民の心に残り、外国人粗暴の風聞はいまだに絶えない。日本人が多少なりとも外国人を「憚忌醜悪《たんきしゅうあく》」するのも、まったく道理がないとは言えないのではないか（『外交文書』第十三巻）。

日本が近代国家としての体裁を整え、国際社会でそれなりの地位を占めるについて、近代国家として先輩格のあなた方に異論のあろうはずがない、という論旨であって、まさに国際的信義の存在に無限の信頼を寄せている。井上は文明の基準をヨーロッパ各国人民の「文明教化」の程度に置き、これに習うことこそ「文明化」の必然であると考え、日本人がこれをスムーズに受け入れるまで多少の時間がかかるのは、これまでの外国人の仕打ちからもやむを得ない、と説く。

十月八日付の森公使に対する回訓でも、井上は自らの条約改正草案の精神について、将来における法権の完全回復を日本がめざしていることを現時点で条約諸国に明示しておく必要があり、その間にわが国法制度の近代化を推し進め、時機が来たら一挙に完全回復をするつもりであると語っている。いわば今はその準備期間にあたるというわけである。

同じころ、パリでは鮫島が日本へ赴任する新公使ロケットと公使館で会食し、フランス政府の意向を質《ただ》した。ロケットが言うには、今回の日本側草案は欧州諸国の同意を得られそうもない。なぜなら外国への要求だけがあって、譲与すべき箇条が何も示されていないと。会談の内容を語る中で鮫島は、新任公使ロケットについてあまり信用のおける人物で

図18　フランス公使ロケット

はないと述べ、現在の駐日代理公使バロワーと親しく、バロワーが反日的人物であることを考えると彼の影響を受けてロケットが反日的になる恐れもある、と井上に注意を呼びかけている（十月十五日付）。

ドイツでも青木公使がビスマルク説得に苦労していた。ドイツ政府は草案の書体と法権一部回復の趣旨に不満足の様子で、とても認めてくれる情況にないばかりか、税権についても完全回復を主張しているのかとの誤解を抱き、自分がいくら説明しても信用してくれず、一時は途方にくれたと井上に嘆いている（明治十四年一月二十五日付）。その後青木がビスマルクへ覚書を提出し、ようやくドイツ政府の疑惑もとけたようであった。

鮫島の死　ヨーロッパにおける条約改正交渉が、英国・フランス・ドイツ各国の厚い壁に阻まれて身動きがとれない情況のなか、交渉の総師役でもあった鮫島が病に倒れた。五、六月ごろから体の不調を訴えていた鮫島であったが、十一月初めまでは毎日公務をこなし、毎朝の日課であった法律学の勉強も二十日ごろまで続けていた。だが、それは鮫島の体力の限界を越えていた。中ごろから激しい頭痛を訴えるようになり、夕方になると微熱が出る。執務中に突然倒れた鮫島は、その後は食事も受けつけず意識朦《もう》朧《ろう》の状態に陥った。ロンドンから親友の森が駆けつけ、妻サダや弟盛《もり》と一緒に徹夜の看病にあたる。鮫島はその間、十日ほどうわ言を言い続け、時に怒気を発することもあった。国家のことであったらしい。ずっと鮫島の身辺にあって世話を続けた書記生河上房申《かわかみぼうしん》が臨終の様子を語る。

頭痛近々甚しく相《あい》なり、発熱も最初は毎夕少々あり成され候えども、次第に増加し、終《つい》に悩憹焦《のうきんしよう》の症と相なり、食物一切下されず疲労漸次《ぜんじ》に相加わり、およそ十日ばかりの間はとかく熱気のため半醒半眠《はんせいはんみん》の有様にて、終始怒語《どご》の言お語り、いらいそのままにて終に御長逝《ちようせい》相なり候。実に御家族様方を始め、一同哀悼《あいとう》この事に御座候（十二月十日付、鮫島武之助宛）。

鮫島が死去したのは十二月四日であった。宿痾《しゆくあ》の肺病が彼の命を奪った。三十五年の短い生涯であった。十二月八日にモンパルナス墓地で営まれた葬儀には、フランス大統領名代や各国大公使をはじめ各界を代表する貴顕紳士淑女が参列し鮫島の遺徳を偲んだ。それは、極東アジアの小国日本から来た若い外交官に対し、ヨーロッパ外交界が純粋な気持で勢いっぱい示してくれた敬意でもあった。日本とヨーロッパの架け橋たらんとした鮫島にとって、これにすぐる名誉はなかったであろう。条約改正の交渉なかばで逝った鮫島の想いは、今もモンパルナス墓地の奥深くに沈む。

国会開設へ向けて

国内では朝野を問わず国会論が活発であった。民権派の動きに対処するため、政府は集会条例を発布して彼らの活動に制限を加える一方、諸参議に立憲政について意見を求めた。時機尚早の意見が多いなかで、井上は速《すみやか》に民法を編纂、憲法を制定し、世論の動向を見定めて国会を開設すべきであると主張した。国会は「民心」にそって国家の福利を増進せしめるために開くのであるから、憲法よりは民法の制定を先にすべきと考える。すなわち法律のもとに、自由に生活を楽しむことをつねに人民の脳裏に植えつけ、わが国の風俗習慣を法制化して憲法の基礎をつくる必要があると言う（明治十三年七月、『世外井上公伝』第三巻）。

民権派の国会論、憲法論とは立論の趣旨においては異なるものの、国家、国民の福利増進を目的にしている点においてそれは共通していた。ただし、民法、憲法ともに議決の権限は内閣委員と上院にのみ与えられる、いわば制限立法を説く。

井上の民法先行論が条約改正と絡んでいたことは言うまでもない。その根底には法律の枠内で自由に生活できる近代的国民の創出、という井上積年の文明観が存在していた。「好んで法律外に跋扈《ばっこ》するの悪習」を人民から取り除く最大のチャンスが民法の制定だと言う。

民法の起草準備はすでに司法省で進められていた。起草者は、鮫島の想いを汲んで日本へ来たボアソナードである。明治十二年（一八七九）三月、司法卿大木《おおき》喬任《たかとう》から近代的な民法典の起草を命じられたボアソナードは、フランス民法を基礎にして編纂を始めた。彼は古くからの風俗習慣のきまりを必要とする家族法、相続法の部分は日本の法律家にまかせ、自身は財産法編纂に力を注いだ。条約改正の最大の目標でもある治外法権の撤廃に必要なのは、ヨーロッパの法律に基づいた物権、債権の条項を含む財産法の新たな起草であった。いわゆる「泰西《たいせい》主義」の根拠もここにある。

井上は「泰西」という言葉を好んで用いた。七月十日のアイゼンデッヒャー公使との会談でも、彼は「わが輩の願ひは泰西の各大国と同等の権利を有し同等の地位を占めんとするにあり」と主張した。「泰西」は漢語でヨーロッパを意味した。「泰」は「大」または「太」に通じ、極西、遠西という意味であった。明《みん》代の中国人たちが、インド洋およびその一帯の地をさして「西洋」と呼んでいたとき、十六世紀末に中国へやってきたイタリア人宣教師マテオ・リッチ（利《り》瑪《ま》竇《とう》）は、ヨーロッパがインド洋からはるかに遠い西洋の地であったところから、中国人の理解を助けるため自ら「大西洋」すなわち「泰西」と名づけたといわれる（斉藤毅『明治のことば』）。この呼び名を日本に伝えたのは江戸中期の儒者新井《あらい》白石《はくせき》であり、蘭学経世《けいせい》家の本多《ほんだ》利明《としあき》であった。英語のAtlantic Oceanを今でも「大西洋」と呼ぶのは、その名残りである。

いずれにしろ、井上が「泰西」というとき、それは純然たるヨーロッパを意味し、米国やロシアなどを含む「西洋」とは明らかに区別すべきものであった。十一月十五日、外務省がそれまで外国人接待所に充てられていた延遼館と旧蜂須賀家別邸の売却、それに新たな外務卿官舎と社交クラブの建設とを政府に願い出たのも、ヨーロッパ流の文明化をめざす井上の明確な意志表示に他ならなかった。この社交クラブ建設に替えて、太政官は十万円の予算で新しい外人接待所を建設するよう外務省へ命じた。十二月二十三日のことである。四日後の二十七日、「内外交際宴会礼式」を仕上げた井上は、翌明治十四年（一八八一）一月から迎賓館の建設にとりかかる。設計は新進の若き英国人建築家ジョサイア・コンドルに依頼し、場所は日比谷内山下町の旧薩摩藩装束屋敷跡地に決めた。外務省から潮《しお》見坂《みざか》を南東の方角へ五、六町ほど下った突き当たりに位置し、接待所として利便性があった。前方に広がる日比谷練兵場と同様、かつて入江であった地形が災いし地盤が弱いのが難点であった。

明治十年（一八七七）に工部大学校造家学科の教授として来日したコンドルは、これまでのクラシック系の建築様式とともにヴィクトリア朝様式のゴシック建築を日本にもたらしただけでなく、近代日本の建築界に名を残す多くの逸材を育て上げた。辰野金吾《たつのきんご》、片山《かたやま》東熊《とうくま》、曾禰達蔵《そねたつぞう》、渡辺譲《わたなべゆずる》といった人々である。ボアンヴィルと違い、その穏やかな人柄と豊かな学識は人々を魅了した。コンドルも心から日本を愛していた。井上もひと目で彼を気に入った。明治十四年七月、ボアンヴィル最後の仕事である外務省庁舎が完成すると、彼は解雇され、代わってコンドルの時代が始まる。

改正交渉と国際情勢の変化

難航する改正交渉

ロンドンとベルリンでの条約改正交渉は困難をきわめた。明治十四年（一八八一）一月十五日に英国外務省で行なわれた会談において、グランヴィル外相は近いうちに英国政府の意見をヨーロッパ各国へ通知するつもりだ、と森公使へ告げただけで内容は明らかにしなかった。森の抗議にもかかわらず、英国は帰国中のパークス公使の意見に基づく修正案を作成し、これを各国へ回付した。森の予想どおり、英国は自らのイニシアティブで現行条約の維持を図るため、ロンドンでの合同会議を提案していた。

一方、ドイツ政府は東京で各国合同の予備会議を開くことを関係諸国に提案する。東京かロンドンか。開催地をめぐり各国間で折衝が重ねられた。井上馨《いのうえかおる》はドイツに期待を寄せていた。青木周蔵《あおきしゅうぞう》公使にあてた訓令に言う。

今回の要求の背後には「独立自治の地位」を回復したいという国民の切なる願いがある。この期待を裏切れば、以前にも増して国民の間に「外人嫌悪」の感情が拡がり、国内政治に支障をきたす恐れがある。

今もし漸次有教《エンライテンド》の人民にしてひとたび嫌悪の感触を将来に発せしめば、政府は実にこれを開導するに苦むなり。畢竟《ひっきょう》この嫌悪の原因は昔日のものと異なり漸次物理を知て起るものなり。故《ゆえ》に何程《なにほど》意を開国に用ひ何程便を外交に与へんと欲するも、またこれを如何《いかん》ともする能《あた》はざるに至るべきなり。

「外人嫌悪」の感情は往時のものとは性格が違う。開明教化された国民の嫌悪感は、理性に導かれた結果であって、政府が教導するのはもはや困難である。井上はそう説明する。

この辺の事情を「婉曲《えんきょく》」に相手に説明して、わが国の要求が当然であることがその脳裏に滲透《しんとう》するよう、外交に工夫

図19　青木周蔵（石黒敬章氏所蔵）

をこらしてほしいと青木へ要請した。さらに重ねて、今回の要求は欧米各国と同等の地位を占め、「自由制法の全権」を得ようとするものではなく、税権、法権ともに「有限《リミテッド》」であって、わが草案に同意が得られれば内地雑居を許可する用意もある、と柔軟な姿勢を見せている。

条約改正が不成功に終わったときに、世間に蔓延するであろう外人嫌悪の感情、幕末維新の時代に戻ったような攘夷《じょうい》意識が人民の間に拡がることを、井上は極端に恐れていたのである。

しかし、青木のビスマルク説得は失敗した。七月二十三日、英国のグランヴィル外相は、日本の法律が「欧州の主義」（principles received by Western Nations）にどの程度一致しているかを判断する方法がないとして、日本政府案を交渉の基礎とすることに反対、関税事項も含めて東京合同予備会議の席で改めて基礎案を作成するよう森公使へ提案してきた。英国がヨーロッパ諸国と連合して東京での予備会議を提案してきた背景には、ドイツ帝国の勃興とビスマルク体制の出現という、当時のヨーロッパにおける新しい国際政治の動きが絡んでおり、結果的にはドイツの提案に英国が同意する形となったわけである。

十月十四日付で森公使は井上と伊藤へ、東京会議反対の意見書を送り、各国合同会議とは名ばかりで、実際は英独中心に、全ヨーロッパが共同で日本に圧力をかけようという企てにほかならず、この「専令《ヂクテート》」を認めればその禍患は長くわが国を苦しめ「東洋開進」の道を塞ぐことにもなりかねないと注意を促した。ドイツの好意も表面のみで、ヨーロッパで覇権を握るのが本当の目的であると言う。

また、青木公使も十月十三日付で、グランヴィル文書中には「コンフェレンス」の語はなく、ただ改正のための「ネゴシェーション」を開くとだけあるのは問題だと井上へ警告した。井上のドイツに対する期待は見事に裏切られた。

しかし、井上は日本がヨーロッパ国際社会において、「西洋的文明国」として認められるためには、列国側の提案をあえて受け容れざるを得ないと判断、共同商議を今後の先例としないことを条件に、十二月十七日、東京での各国合同予備会議開催を承諾する旨《むね》、英国代理公使ケネディに通知した。ついで各国公使へも受諾を通告、会議への参加を受諾した時点で、日本は列強の圧力に屈服した形となったが、井上としてはアジアに対する列強諸国の「専令」を封じる手段を、条約改正という対ヨーロッパ外交の文脈の中で講じていく必要を痛感していた。

それにしても、ヨーロッパ外交界で厚い信頼を得ていた鮫島尚信《さめしまなおのぶ》を失った痛手は大きかった。その鮫島の死を悼む葬儀が、三月三十一日、麻布鳥居坂町十三番地の旧邸で営まれた。侍従富小路敬直《とみのこうじひろなお》が勅使として遣わされ、左大臣有栖川宮熾仁《ありすがわのみやたるひと》親王、陸軍中将東伏《ひがしふし》見宮嘉彰《みのみやよしあき》親王をはじめ伊藤、井上ら諸参議が参列し鮫島の遺徳を偲んだ。天皇は鮫島の功多きをもって四月十二日、御手許金《おてもと》五千円を下賜され、六月八日には正三位に昇叙された。鮫島の後任人事はなかなか捗らず、七月になって井上の伊藤への働きかけもあり、オーストリア公使から井田《いだ》譲《ゆずる》が転任することになった。任命は七月二十日である。

ドイツ流立憲政への転換

ところで、鮫島の葬儀にも顔を出していた大隈重信《おおくましげのぶ》が立憲政に関する急進的な意見書を上奏したのは同じ三月であった。年頭の熱海会議で国会開設について伊藤、井上とも協力を約束していた大隈が、突然英国流の議院内閣制を基礎にした国会の即時開設を唱えたことに伊藤も驚き、一時は辞意さえ漏らしたほどであった。伊藤が太政大臣三条を通して大隈意見書を内覧自写したのは明治十四年（一八八一）六月二十七日である。七月に入って政府内はこの大隈建議をめぐって大きく揺れた。漸進的立憲派であったはずの井上も大隈を批判した。伊藤あての書簡で、大隈の意図は「人望を得る」ことにあって、本来定説もなく、今回のことで立憲政の妨害者をあたかも貴兄であるかのごとく喧伝《けんでん》しようとしていると憤慨する（七月二十七日付）。

奇妙なことに、書簡の後半部分で、井上は伊藤へドイツ流の立憲政導入を勧めている。

もはや今日かくの如き形勢に差迫《さしせま》りたれば、やむを得ざるの場合ゆえ、早く独乙《ドイツ》の憲法に習いその法制を細密にし、もって早く地方議員中より撰挙してこれを下問議答せしめたる上、当時元老院をバースとして然《しか》る上一年または二年の後下院開設を布告するの方しかるべく……ゆえに早く独乙法に習いもってわが憲法を定むるは方今失うべからざる好機会と愚考せり（『伊藤博文関係文書』一）。

井上はプロシア流の憲法論者である太政官大書記官井上毅《いのうえこわし》からドイツ憲法の利点を聴いていた。漸進的な立憲主義を説く井上にとってドイツの立憲君主制は非常に理想的に見えた。日本を近代的な文明国へと導くには、議会に大きな権限を認めている英国の憲政をモデルとするよりも、むしろ君主に大権を与えて文明化を進めているドイツの立憲政に学ぶほうが得策だと判断されたからに違いない。「方今失うべからざる好機会」の言葉にはそれがよく表われている。条約改正の交渉過程においてドイツを頼みとする井上は、法律や文化の面でも、このころからドイツへ傾斜するようになっていく。

図20　ドイツ公使アイゼンデッヒャー

それはドイツ公使アイゼンデッヒャーとの親交ぶりからもうかがえる。アイゼンデッヒャーは井上のことを就任当初から気に入っていた。フォン・ビューロー外相あての書簡に言う。

井上氏は温和で礼儀正しい人物で、公務では外国公使達と良い関係を築く努力をしております。彼は実に流暢に英語を話し、イギリスでの長い滞在で外国の流儀をよく知っております。従って、彼が外務卿に就いたことは、日本と列強諸国の関係に良い影響を及ぼすと考えて良いでしょう。またこの新任の外務卿が公務に影響を与えている、日本人では珍しい良い性質とは、彼が外国人達と社交的で私的な付き合いを好むところにあります。……このようなかたちで、政治的案件について、また些細な意見の食い違いも、私的に相談することで解消されたり、少なくとも問題が明らかになるのです。そのため、井上氏の称賛に値する開放性と明瞭な善意は、私や同僚にとって学ぶところが多いものです（一八七九年九月二十九日付、ペーター・パンツァー、スヴェン・サーラ『明治初期の日本　ドイツ外交官アイゼンデッヒャー公使の写真帖より』）。

井上の快活な言動と社交性は、少なからず列国外交団に好印象を与え、外交交渉に有利に働いていた。ドイツ公使は中でも井上びいきとして有名であった。

条約改正予備会議　北海道開拓使の官有物払下げ事件がきっかけで起った明治十四年（一八八一）十月の政変で、大隈が閣外へ追放され、十年後に国会を開くとの詔勅が出ると国内はにわかに政治化され、民権派を中心に政党の結成が進む。

井上が予想したように閣内は一致してドイツ流の憲法制定へと動き出す。中心にいたのは伊藤である。

翌明治十五年（一八八二）一月十五日の閣議で伊藤のヨーロッパ派遣が決定し、三月三日には欧州各国における憲法調査を命じる勅書が伊藤へ下された。伊藤が、太政官大書記官山崎直胤《やまざきなおたね》、同権大書記官河島醇《かわしまあつし》、参事院議官補伊東巳代治《いとうみよじ》、同西園寺公望《さいおんじきんもち》らを帯同して東京を発ったのは三月十四日である。

図21　新外務省

この時、新築なった霞ヶ関の外務省では、井上を議長に列国公使が参集して条約改正予備会議が開かれていた。条約改正問題の基礎案を作るための列国合同会議である。一月二十五日の第一回目から裁判権を中心に討議が重ねられた。二月十六日の第六回会議で日本行政規則に関する審議を次回に行なうことが通知された。井上は行政規則だけでなく日本の法律に従う外国人には、個人的に内地を開放してもよいと考えていた。これは、フランスの鮫島公使が生前強く主張していた案件で、井上も太政大臣三条実美《さんじょうさねとみ》へ上申していた。今回は、これをさらに一歩進めて、服従を認めたすべての国民に開放を許可する計画であった。いわゆる内地雑居論である。この問題をめぐって閣議が紛糾し、井上が辞職を申し出る一幕もあった。結局、ドイツ人法律顧問ロエスレルの意見を聴き、決定案が出来上がった。伊東出発の二日前、三月十二日である。

決定案は法権の全面的回復と部分的回復の二案あり、いずれの案でも内地通商を認めていた。官僚層から反対論が噴出する。太政官大書記官尾崎三良《おざきさぶろう》の日記にも「三条公に謁す。外国条約改正云々に付建言。頃日《けいじつ》外務卿より政府に迫り外人をして内地通商を為《なさ》しめんとす。なほ治外法権を維持せんとす。その不可なるを痛論す」（三月一日の項）とある。

最初は全面的回復の第一案で交渉に臨み、だめなら第二案を提案することで閣議は了承した。四月五日、第九回会議の席上、井上は第一案の提議を行ない各国委員たちを驚かせた。井上の「内地開放宣言」といわれるものである。数年間の準備期間を設け、その期間中すべての外国人に内地を全面開放し、代わりに必要最低限、彼らには日本の法律に従ってもらうという。井上には、法律、制度が整備され、準備期間が終了した時点で、法権の完全回復をねらおうという腹づもりがあった。宣言書に言う。

我政府の常に大に目的とする所は宇内《うだい》普通の公法および道徳の主義を採用し、つひにもつて現時の列国と駢立《へんりつ》するに至らんことを期するにあるは我政府当初よりの政術を注視したる人々のよく察知せらるる所なるへし……この容易ならさる多年の事業をなし得たるものは、内にありては幸に人民愛国の至誠に出る尽力によること多く、また外においては実に欧米開進の事跡これあるがために我国進歩の改革を行ふにあたりてや、その事情に適する限りは修心の道なり政治の法なり皆この泰西の実例によらさるはなし（『外交文書』第十五巻）。

西欧的国際システムの慣習として存在する「道徳の主義」および「修心の道」が、井上にとっては「宇内普通の公法」や「政治の法」と並んで各国交際を円滑ならしめる要件と考えられた。したがって、内地開放が時勢に即応するものである以上、日本は義務としてこれを実施すべきであり、これが完全な形で実施された暁には、外国人たちがこれまでわずかな開港場内だけで実施してきたものとは全く別個の裁判権に服従するのは当然であり、「公義正道」に基づき認められてしかるべきであろう、と国際的信義の観点からこれを説く。

この翌日、井上は旅の途中にある伊藤に手紙を認《したた》め、列国従来の「コルボレートアクション」（共同行動）も無効となったばかりか、ドイツ公使とは非常に「深密の交際」となり色々と助言もしてくれて、アイゼンデッヒャーの「公平なる思考」には感服したと記す。そして、ドイツに着いたらぜひとも該国《がいこく》を日本の方針へ向かわせるよう努めてほしいと頼む。井上のドイツ傾斜はさらに深まった。

ついで六月一日の第十一回会議において井上は、内地開放案に必要な細目案を発表、先に述べた準備期間を五年以内と定め、期間中の外国人裁判のため各裁判所に外国人判事を任用するなどの意見を述べた。これに対して米国、ドイツの公使を筆頭に各国委員からも賛意が得られたが、ひとり英国公使パークスは時期尚早、改善の必要ありとして反対を唱え審議されずに終わった。一方、国内からも条約改正御用掛井上毅の批判があった。彼の批判は日本国籍のない外国人判事を混じえた混合裁判所で審理を行なうのは、まさにわが国の主権を侵害するものではないか、という点にあった。井上は混合裁判所の新設と併行して、民法、商法等の法典編纂を推し進め（刑法、治罪法はすでにこの年一月一日から施行）、数年先には法権の完全回復を目論んでいた。

最終的に各国委員の満足を得られなかったことを認めた井上は、七月二十七日、第二十一回をもって閉会を宣言し、予備会議は解散した。同二十九日に三条にあてて、井上は、現在の条約を今後三、四年間実行し、制度が整ったところでわが条約案を認めさせて、一気に治外法権の撤廃へ持っていったほうがよいであろう、と語り、伊藤へも同じことを報告した（十一月二十四日付）。

壬午事変

新たな条約改正交渉の方針を模索しはじめたさ中の明治十五年（一八八二）七月二十三日、朝鮮の京城《けいじょう》で日本公使館が襲撃された。事件は大規模な軍事暴動へと発展する。壬午事変《じんごじへん》の勃発である。

そもそも日朝修好条規締結後における日本の対朝鮮政策目標は、清国と朝鮮の間の伝統的な宗属関係を断ち切って、朝鮮を国際法上の正当な独立国となし、日本にとってより良い安全保障環境を東アジアの秩序内に築き上げることであった。そのためには、清国と並んで日本の脅威となり得るロシアを牽制《けんせい》する必要からも、朝鮮が西欧列強と国際法に則《のっと》った条約を結ぶことで、清国とロシアの「専断」から朝鮮自らが防衛されねばならなかった。この年五月、米国との間に朝米修好通商条約が結ばれ、さらに翌月英国、ドイツとも同様の通商条約が結ばれたとき、井上はこれを歓迎した。しかし、このことが直ちに日本の安全保障に役立つわけではなかった。英・米・独という西欧列強三国を組み入れた形での勢力均衡体制を東アジアに成立させ、そのバランサーとしての地位を獲得することが日本にとって必要であった。それには日本が列強との条約改正に成功し、西欧諸国と対等の立場に立って東アジア連携のイニシアティブを執らねばならない。そのようにして初めて、朝鮮のみならず、日本や清国を含めた東アジア全体の平和維持が可能となり、「西洋の政略」に対抗して「東洋の大勢」を維持することができる。井上はそのように考えていた。

その矢先の出来事であった。日本の指導による軍制改革を不満とする守旧派の大院君《たいいんくん》（朝鮮国王の父）一派が兵士たちを煽動して引き起した暴動であった。駐朝鮮弁理公使の花房義質《はなぶさよしもと》は反乱軍の囲みを突破して仁川《じんせん》にのがれ、英国船に救助されて帰国した。報告に接した政府は、三十一日に緊急閣議を開き、内閣顧問黒田清隆《くろだきよたか》の強硬意見を抑えて、陸海軍兵護衛のもと花房公使に現地談判させる方針をとった。ただちに井上は、軍隊派遣はあくまで使臣護衛と人民保護が目的であって、「平和の位置」を保つことを旨《むね》とし、決して開戦に至らぬよう努力すべきを、花房へ訓令した。「やはり外交談判の事は公使に、また軍事上の事は将校にまかし、花房公使とともに海陸将校を派遣する方しかるべし」と考え、この目的をとり違えないように心したい、と伊藤にも語る（八月二日付書簡）。西欧的外交法と国際法を重く見る井上一流の考えがよく表れている。

原敬の登場

花房に直接会って交渉を指揮するため、井上は八月二日夜、横浜を発って下関へ向かう。船には大東日報《だいとうにっぽう》主筆の原敬《はらたかし》も乗っていた。若干二十七歳。郵便報知新聞社を退社し、四月に大東日報に移ったばかりである。郵便報知が大隈に買収され、矢野文雄《やのふみお》が社長になって福沢色が強くなったことによる。盛岡藩出身で藩閥の埒外《らちがい》にいた原は、新聞記者になりたくて、工部省に勤めていた同郷の先輩に相談し同省権大書記官中井弘《なかいひろし》と会い、郵便報知社長の小西義敬《こにしぎけい》を紹介してもらう。明治十二年（一八七九）

の春であった。当時司法省法学校を放逐《ほうちく》され、キリスト教にも入信した経験をもつ原のことを、奇矯《ききょう》の人中井も気に入ったに違いない。原は月給二十円で雇われ、フランス語が多少出来たこともあって仏字新聞の翻訳を担当する。入社後も勉学を続け、原のフランス語能力は格段に上がる。その努力と才能を認められた原は、翌年には紙上に署名論説を発表するまでになった。

明治十四年（一八八一）五月、原は元外務省記録局長で中井弘の友人でもある渡辺洪基《わたなべひろもと》に同行して地方の民情視察に赴く。花房公使の弟で統計学の権威花房直三郎《はなぶさなおさぶろう》も一緒であった。東北諸県を巡りながら原は自由民権派の活動を肌で感じとり、しだいに政治意識を高めていく。原が帰京したとき、十四年の政変が起り、大隈が下野して政党結成へ動き出していた。郵便報知の買収もその一環であった。板垣退助《いたがきたいすけ》の自由党や大隈の立憲改進党結成の動きに対応して、東京日日新聞社長の福地源一郎《ふくちげんいちろう》も十五年（一八八二）三月に立憲帝政党を組織し、言論機関として大阪に大東日報社を創設した。

原に大東日報入社を勧めたのは、渡辺の後輩で井上の秘書（外務卿付書記）を勧めていた斎藤修一郎《さいとうしゅういちろう》であったという（前田蓮山『原敬伝』上巻）。斎藤は越前福井の出身で、原より一歳年長だが、井上の寵愛を受け外務省内で重きをなしつつあった。三月二日、原は麻布鳥居坂町三番地にあった井上の屋敷を訪ねている。帝政党結成についての相談で、十日にもその会合があった。原が井上に会ったのは、おそらくこの時が初めてであろう。原の日記には、「井上毅及小松原英太郎《こまつばらえいたろう》の紹介」とあるが、中井や斎藤を介しての線も充分考えられる。

済物浦条約

さて、井上は八月七日から一週間、下関に滞在し花房と会談、事件処理について詳《こま》かい打ち合わせを行なった。誠意をもって両国の「大局を保全」し、将来のため「永遠の善良なる交際」を獲得できればこれにすぐるものはない、との訓令を与え花房の活躍に期待した。

八月十二日、再び朝鮮に渡った花房は、朝鮮政府の謝罪、犯人の処罰、損害賠償など厳しい要求を突きつけ交渉を重ねたが、誠意ある回答は得られなかった。一方、清国は多数の兵員を朝鮮へ送り込み暴動鎮圧にあたった。花房は京城引き揚げを宣言し、朝鮮へ圧力を加える。戦争へ発展することを恐れた清国は、使節を送って花房と会談し妥協、二十六日に大院君を捕えて天津《てんしん》に送るとともに、朝鮮政府へ日本の要求をすみやかに受け容れるよう促した。事件は解決し、八月三十日、済物浦《さいもつぽ》条約が調印された。条約には犯人逮捕、日本政府への謝罪、賠償金五十万円の支払い、公使館護衛のための駐兵権承認などの条項が盛り込まれた。

清との対立

日本と清国の対立は激しくなる。事変直後に起草した「朝鮮ニ関スル意見書」で、井上は、日本が朝鮮侵略を企てているのではないかと疑う清国を牽制して、清国朝鮮間の宗属関係は認めるが、朝鮮はあくまで国際法上の独立国であってその主権は侵してはならないと述べる。井上の説く内政不干渉論は、当時政府内で主流を占めていた山県有朋《やまがたありとも》らの朝鮮独立援助論とは明らかに対立するものであったが、彼の標榜する大アジア主義的な東アジア連携論の見地からは当然導き出されてしかるべき論理であった。事変後、朝鮮政府内部でも、清国に頼って政権維持を図ろうとする閔氏《みんし》一派の事大《じだい》党《とう》と、日本の援助で内政改革を断行しようという独立党との対立が生じた。

十月六日、政府内では右大臣岩倉の建議を受けて「対韓政策三ケ条」が討議され、第一項の関係各国と協議して朝鮮の独立を認め、清国を牽制する方策を採ることになったが、連携論を主張する井上は、伊藤の意見も聴く必要があるとして態度を保留した。

同十九日、朝鮮全権使節朴泳孝《ぼくえいこう》が来日し、天皇に謁見、国書を呈して正式に日本の援助を依頼するに及んで、政府は軍備を拡張して朝鮮の独立援助にあたることを決め、十一月には滞欧中の伊藤からもこれを支持する返書が届いた。十二月二十二日、軍備拡張の詔勅が発せられた。それに言う。

東洋全局の太平を保全するは朕《ちん》が切望する所なり。然《しか》るに今度朝鮮の依頼あるにより隣交の好誼《こうぎ》を以てその自守の実力を幇助《ほうじょ》し、各国をしてその独立国たるを認定せしむるの政略に渉《わた》り、而《しこう》して直接に我か国益を将来に保護せんと欲するの閣議はその当を得たるものの如し。然して隣国の感触よりあるいは不慮の変あるに備ゆるため武備を充実するの議はもっとも国を護するの要点たり（『明治天皇記』第五）。

清国を仮想敵国と見なし、軍備を充実するという現実的な対外戦略が明示された。二十五日には諸省卿に対し沙汰書が下され、翌日大蔵卿松方正義《まつかたまさよし》による軍備拡張の財政計画が提出された。こうした政府内の動きに対し、井上は、東洋和平実現のため海軍軍備の拡張は認めるものの、日清協調の枠組みの中で、いかに朝鮮の独立を維持し、それをどのようにして列強諸国に認めさせるか、その対策に心を砕く。同時に、東アジアにおける日清韓の協調政策こそ、欧米諸国との条約改正交渉を有利に進める基盤ともなり得ると考えられた。

東アジア情勢に詳しい榎本武揚《えのもとたけあき》を全権公使に任じて清国へ派遣し（十月着任）、竹添進一郎《たけぞえしんいちろう》を同じく弁理公使として朝鮮へ派遣し（十六年一月着任）、花房義質を全権公使としてロシアへ派遣（十六年五月着任）したのも、すべて井上の計画する東アジア連携政策を推し進め、日本の安全を確保するための重要な布石《ふせき》であった。十一月に大東日報主筆の原敬を外務省御用掛に採用したのも、こうした井上の事変後刷新人事の一環であったと思われる。ところで、榎本、花房、竹添はいずれも清国、ロシア、朝鮮といった国々の大陸事情には詳しく通じていたが、戦略的には積極派に属し、井上の連携論には疑問を抱いていた。

安南事件

条約改正の流れを大きく変えるきっかけを作ったのはフランスのハノイ占領であった。ハノイ占領の報に接した清国はヴェトナム（安南《アンナン》）に軍隊を派遣して武力で抵抗を試みた。安南事件である。この問題を日本の条約改正にとって有利な材料だと判断したのは、パリの公使館にいたマーシャルであった。井上の内訓を受けて、マーシャルは清国の宗主権問題についてフランスと話し合う用意がある、と外務省当局に告げた。当初関心を示さなかったフランス政府は、安南事件の積極策への変更にともない、四月末清国に対する日仏連合について打診してきた。四月二十四日に北京で行われた榎本・ブーレーの両公使会談で持ち出された話である。会話の内容をそのまま記す。

ただただ貴国が支那に対せらるる挙動によりては互に相結《あいむすび》て事をなすの便利あり。その辺については貴見いかが。拙官（榎本）云。御承知の通り、我と支那とは琉球の差縺《さしもつ》れと朝鮮干渉の二件ありて交際甚た穏《おだやか》ならず。支那より琉案（ママ）に対して望む所は不条理の甚しきものなるを以て彼より必らずその望をとげんと言張れば干戈《かんか》に訴ふるの外なし（『外交文書』第十六巻）。

日本とフランスが連合して清国にあたれば事をなすに便利だという。榎本も同感と述べ、清国が強く出れば戦争に訴えるもやむを得ずとの見解を示している。榎本の持論である。

予備会議終了後、日本は税権問題だけを引き離して、法権と別個に新通商条約を締結することに方針を変更し、関係各国へ通知した。ところが、英国はパークス公使の勧告に基づき、改訂税率案等の内容について賛同したものの、それを期限付きとすることには異議を唱え、四月、欧州各国へ覚書を送付した。日本が新条約の有期を主張したのは、期限後に関税自主権を回復する意図があったからである。

井上は滞欧中の伊藤にもドイツへの斡旋《あっせん》工作を依頼していた。五月十日、伊藤はロンドンから森公使を呼んでベルリンにおいて青木公使との三者会談を行ない、対策を練った。青木は期限付き新通商条約締結の件でドイツ外相へ一書を送り、伊藤も自ら外務次官やビスマルクの秘書官を訪ねて配慮を求めた。伊藤は森に対し、帰途パリの公使館に立ち寄り蜂須賀茂韶《はちすかもちあき》公使とマーシャルにも会って話を詰めるよう勧めた。

フランスではマーシャルがすでに外務省の政務局長と商務局長を相手に、英国政府に反対し、改正条約を有期とするよう強い働きかけを行っていた。「商務局長クレヴァールレーに於ては至当《しとう》の義に考候趣、仏政府に於ても十分その道を以て独乙《ドイツ》、白耳義《ベルギー》等と共に英政府に反対の measure を取るべきよう、外務卿 幷《ならびに》 条約局長等へも申し謀《はか》るべくとの答にこれあり候由《よし》、まず以て今日の処にては至極好都合に相見え申し候」（五月二十九日付、

『伊藤博文関係文書』六）と、蜂須賀から伊藤あてに報告があった。六月二十日、フランス政府は日本案の受諾を通告、英国および関係諸国への尽力を約束した。フランス受諾の背景に、安南事件に対する日本の好意を獲得する意向が働いていたことは言うまでもない。

フランス外務省からの通知を受け取ったマーシャルは、すぐにブリュッセルへ飛んで、ベルギーを中心に活動を開始、フランスが日本との改正条約に有期の条項を盛り込むことに同意した、との情報をヨーロッパ外交界へ流した。ベルギーにおける外務次官ランベルモン男爵との会談内容を詳細につづり、「ベルギー覚書」（Belgian Note）と題して、マーシャルは伊藤にあてて英文の「欧州事情報告」を次々と送り続けた。それはこの時だけでも、七月六日から八月二日まで五回の多きにわたる。

このマーシャルの間髪を入れぬ情報活動で、逡巡していたドイツ政府も動き出す。ベルギーも独自の覚書を作成し関係諸国へ送付した。マーシャルの活躍を重く見た蜂須賀公使は、一時金の形で褒賞金《ほうしょうきん》二千フランほどを政府より下賜されるよう、井上にとり計らってもらえまいか、と伊藤に懇願している。それほどマーシャルの反英工作活動はヨーロッパ外交界で高い評価を受けていたのである。

八月二十五日に、フランスはヴェトナムとユエ条約を結び、安南と東京《トンキン》を保護領とし、宗主国である清国との対立をさらに深めた。フランスの日本に対する好意的態度も日に日に明確さを増していくようであった。井上は七月十四日付で蜂須賀にあてて自重を促す密信を送った。清国の「属邦主義」を排斥するというフランスの論旨には賛成するが、日清関係が緊迫している情況にある現在、わが国と平素関係のない遠方の東京で起った事件で、「泰西の一国と公然連合の挙動」があっては、かえって清国の「憤焔《ふんえん》」を煽《あお》り、「火を積薪《せきしん》に移す」の恐れもあるので、決して日仏共同で事を挙げたいとの誘いには乗らないようにくれぐれも細心の注意を払ってほしい、と。

国際法上の主権論の見地からは清国の宗主権は認められないとするも、「東洋全局の平和」を維持するためには、清国をこれ以上刺激せず日清協調策を採るべきだというのが井上の見解であった。

森のイギリスでの活動

明治十六年（一八八三）七月井上馨からの訓令に接した森公使は、九月中旬、ベルギーのスパで、青木、蜂須賀の両公使と協議し、欧州諸国が英国の提案に応じないよう、重ねてそれぞれの任国政府へ働きかけることで一致した。帰英後森は、井上にあてて自らの意見を書き送った。

理論や情誼《じょうぎ》ではなく、日本の地位に関する「事実」を述べて英国の意向を転換させる必要がある。それには英国の世論公議に訴える方法も一策であろう。日本進歩の事実を説明するにあたり、次の点に留意せねばならない。英国政府は日本が外見ほどに進歩していないと思っている。理由は西欧諸国が進歩の基準をその国の宗教政策に置いているからである。日本はすでにキリスト教について黙許の政策を採っているとはいえ、いまだに信徒が甚だ少ないところから、「信教不自由なる未開国」と同類との判断を下し、ほかの事物の進歩もこれと異なるところがないのではないか、と思っている節《ふし》がある。しかし、宗教いかんにかかわらず、近時の日本が西欧諸国と肩を並べるほどの進歩を遂げている事実は疑うべくもなく、アジアにおいて比類なき地位にある。この事実を、わが国の「品位」を失うことなくはっきりと英国政府に伝えるべきである（十月五日付、『改正関係文書』第二巻）。

英国が日本を真の文明国として認めていないのは、その宗教観によるところが大きいと森は見抜いていた。ヨーロッパの宗教事情に詳しい森ならではの観察力である。この後、井上がキリスト教公許論へ傾くのも同じ理由による。

三日後の十月八日、森は早速グランヴィル外相を、その別邸であるウォーマー館に訪ね、新条約について忌憚のない意見を述べた。会談の席上、森は、「有期」の明示がなければ、わが国は新通商条約に同意することはできないと主張、基礎資料として日本の国勢の現況を記した覚書を同外相へ渡した。

覚書には、七年後開設予定の国会をはじめ、法制、財政、学制など制度文物の進歩状況

にまさに、なくはで題問のみの府政、は結締の約条商通新るよに」期有「、つつべ述々縷《るる》を

見た視重を論世と、るいてきに況情いな さ許 をれこがい国の本日、りあで望希の民国全

解が記されてあった。

森の説得も多少効果があったのか、それから二ヵ月後の十二月十三日、同十一日付の欧州関係諸国にあてた英国政府の覚書写が森のもとに届いた。覚書中に、日本が外国人に内地開放と不動産所有を許可する以上、税権回復を要求するのは当然であり、他国が同意すれば、改正関税条約中に一定の期限（十年もしくは十二年）後に条約を終了しうる「有期」の条項を入れてもよい、という一項が含まれていた。英国の「有期」条項同意については評価すべきであったが、全面的に承諾するには井上に不満が残った。日本側の不満点について英外相に説明するよう回訓された森は、通商条約廃棄前の三年間内地を開放する件、内地旅行免状規則拡充の件、最恵国《さいけいこく》条款の変更不同意の件などについては、翌明治十七年（一八八四）一月七日付でグランヴィル外相に書簡を送り再考されんことを要望した。

英国が同意した背景には、森の努力とともにマーシャルの新駐日公使プランケットへの働きかけもあった。パリで会談した際、プランケットはマーシャルに、今回英国政府の態度を好転させた功績が自分にあることをぜひ井上外務卿に伝えてほしいと語ったという（明治十七年一月四日付、井上宛マーシャル書簡）。

井上は、もし英国政府の覚書が変わらない時には条約改正延期もやむを得ず、法権を一部分でも回復できずに「実利」を失うようであれば「真にもって国の不利」と、昨年の予備会議中からその覚悟を決めていたので、新公使の着任前に予防策をとっておきたい、と伊藤にその覚悟のほどを語っている（十二月二十九日付、『伊藤博文関係文書』一）。

英国をはじめ、列強諸国の新条約案に対する同意をようやくとりつけた日本が、彼らの反対意見もとり入れた新たな改正案をつくり、列国共同の条約改正会議を東京で再開したのは、これから二年半もあとの明治十九年（一八八六）五月一日のことであった。だが、その大がかりな準備が鹿鳴館《ろくめいかん》の幕開きとともに、井上外務卿自らの手ですでに着々と進められていたのである。

鹿鳴館外交から帝国主義へ

鹿鳴館

文明の微醺

ロシア文学者内田魯庵《うちだろあん》の回想。

当時の欧化熱の中心地は永田町で、このあたりは右も左も洋風の家屋や庭園を連接し、瀟洒《しょうしゃ》な洋装をした貴婦人の二人や三人に必ず邂逅《であ》ったもんだ。……このエキゾチックな貴族臭い雰囲気に浸《ひた》りながら霞ケ関を下りると、その頃練兵場《れんぺいじょう》であった日比谷の原を隔てて鹿鳴館《ろくめいかん》の白い壁からオーケストラの美くしい旋律が行人《こうじん》を誘《そそ》って文明の微醺《びくん》を与えた（『思い出す人々』）。

「文明の微醺」。魯庵に限らず、鹿鳴館にそうした酔趣《すいしゅ》を感じた人々は少なくなかった。これは、設計にあたった英国人建築家ジョサイア・コンドルの目論見《もくろみ》どおりであった。ロンドンのサウスケンジントン美術学校とロンドン大学で建築を学んだ若いコンドルは、明治十年（一八七七）、工部大学校から招かれ教授として日本にやって来た。西欧の歴史的な建築様式を「美の本源」と考えるコンドル青年は、本物の建築家を育てるだけでなく、本格的なヨーロッパ式建築美を日本に伝えたいと思っていた。

上野博物館、開拓使物産売捌所《うりさばきじょ》など、赤煉瓦を基調とするゴシック系作品を次々と手がけたコンドルが、井上馨《いのうえかおる》から外国人接待所である迎賓館の設計を命じられたのは、明治十三年も暮のことであった。場所は日比谷練兵場の向かい側、麹町区内山下《うちやました》町一丁目一番地である。俗に装束《しょうぞく》屋敷《やしき》と呼ばれていた旧薩摩藩邸が建っていたところで、しばらくは博物館が置かれたこともあった。

図22　黒門から見た鹿鳴館

コンドルは新しい迎賓館には、赤煉瓦のゴシック系ではなく白いクラシック系の建物を採用しようと思った。フランス風のクラシック系作品のほうが貴族好みの迎賓館にはふさわしいと考えたからである。しかも、白煉瓦のネオ・ルネッサンスを基調に、建物の要所要所にはインド・イスラム風の意匠《いしょう》をこらすことにした。東洋と西洋の折衷《せっちゅう》様式こそ、日本における西欧建築の「美」の表現には適《かな》っていると思ったのかもしれない。

建物は明治十四年（一八八一）一月に着工し、総工費十八万円、約三年の歳月をかけて、明治十六年（一八八三）十一月に完成した。敷地三千坪、建坪四百四十一坪の二階建てであった。旧薩摩藩邸時代の表門「黒門《くろもん》」を、コンドルはわざと残して異風の調和を図ろうとした。コンドル独特の演出である。純粋のヨーロッパ風建築を望んだ井上にはいささか不満が残った。しかし、「黒門」から透かし見る「白い壁」の洋館もエキゾチックで美しい、と井上にも思えるようになる。

「鹿鳴館」の名は、井上の妻武子の前夫で工部大書記官中井弘《なかいひろし》が付けた。『詩経《しきょう》』小雅《しょうが》鹿鳴の詩に拠《よ》ったという。昔、中国には鹿がたくさんいた。鹿は餌を見つけると一匹では食べずに、仲間を呼び集めて皆で愉《たの》しみながら食べる。呦々鹿鳴《ゆうゆうろくめい》、野の苹《へい》を食《は》む、の意である。内外人の交際の場にふさわしい名前だと誰もが納得した。中井の学識であろう。江戸風流の人、旧幕臣成島柳北《なるしまりゅうほく》も、「問はずして嘉賓《かひん》の燕飲和楽《えんいんわらく》する処たるを知るべし」と絶賛した。

十一月二十八日の夜、井上馨が主人役となり、諸皇族、諸大臣、各国公使、その他内外朝野の搢紳《しんしん》を招待して落成の祝宴が催された。集う者千二百余名。居並ぶ貴顕《きけん》を前に、井上は、鹿鳴館は「国境のために限られざるの交《こう》誼《ぎ》友情を結ばしむるの場」として建てたのだ、と説明した。今で言う国際交流会館である。すでに内外交際のための「宴会礼式」を定めていた井上は、礼式にはそれ相応の接遇の場が必要だと考えた。現在進行中の条約改正を成功に導くには、国際的信義を「形」で表す必要がある。井上にとって鹿鳴館は、まさにその国際的信義の「形」であり、国家の「文明化」の象徴でもあった。

日本文化への接ぎ木

館の表は西欧であっても、中味は日本の美を強調すべきだと井上は思った。古美術に造《ぞう》詣《けい》が深く骨董の目利きとして評判の井上は、館内にわが国書画工芸の名品の数々を飾り内外賓客たちの目を楽しませたばかりでなく、接待に用いる道具や器も日本の逸品から選りすぐったものが多かった。成島柳北は言う。「館の結構もとより泰西の規矩《きく》にしたがふといへども、その器具百物は、本邦の物品を用ふる十の七八。またその宜《よろし》きを得たるかなと。

日本の伝統文化に西欧文明をいかにとり込むか。いかに接《つ》ぎ木《き》すべきか。鹿鳴館の夜会や舞踏会はあくまで西欧文明の表の姿であって、わが国民のライフスタイルを変えるまでには至らない。国民の伝統的な社会生活全般に、西欧文明があまねく行き渡らねば真の文明化とは言えない。井上が国民教化と称して、小説、演劇、美術、音楽などの文学・芸術領域から、ローマ字の普及、洋服の着用、肉食の奨励など生活領域全般に至るまで、多くの社会改良運動に心血を注いだのも、そこに生きる人間が根本から近代的に自己変革されてはじめて、国家そのものも近代化され得ると信じていたからにほかならない。

鹿鳴館の夜会や舞踏会が皮相で滑稽な欧化病だといくら世の批判を浴びようとも、人々の社会意識や生活意識はおのずと西欧に向かわずにはいられない。人は自分の内に孕《はら》む伝統を簡単に捨てることはできないが、時間をかければ新しい文化を生み育てるのは可能である。それが「欧化」という新しい文明であった。内田魯庵の言葉をもう一度引いておこう。

……が、汎濫《はんらん》した欧化の洪水が文化的に不毛の瘠土《せきど》に注いで肥饒《ひにょう》の美田《びでん》となり、新たに植樹した文明の苗木が成長して美果を結んだのは争えない。少くも今日の新らしい文芸美術の勃興は当時の欧化熱に負う処があった。……津浪の如くに押寄せる外来思想は如何なる高い防波堤をも越して日一日も休みなく古い日本の因襲《いんしゅう》の寸を削《けず》り尺を崩《くず》して新らしい文明を作りつつある。この世界化は世界の進歩の当然の道程であって、民族の廃頽《はいたい》でもなければ国家の危険でもないのである（前掲書）。

西欧文明の本質を理解しなければ真の文明化はできないことを、井上はよく知っていた。本当の意味で国家が文明化されてはじめて、わが国は国際的信義を獲得することができる。それが日本の主権確立の要件だと井上は確信していた。

外交官の交際法

同じ頃、国際礼譲に詳しい駐仏公使蜂須賀茂韶《はちすかもちあき》から伊藤博文《いとうひろぶみ》に、各国におけるわが国外交官の交際法について、改善の提言書が届いた。将来にわたっての公使館の配置と館員交際法について述べたもので、主として書記官マーシャルが作成にあたった。改善点は三つある。一つは、外交官はなるべく長く任地にあって、その国と親密な関係を築く必要があること、二つ目はヨーロッパの公使館数を縮小することによりお互いに気脈を通じ合い、協力しやすい体制をつくること、三つ目は任国政府だけでなく欧州各国の上流社会との交際を親密ならしめること。欧州諸国の事情を探知するのみならず、広くわが国の事情をヨーロッパの人々に伝えることで館員たちの交際範囲もおのずと広がり、多くの外国人たちと交友関係を結ぶようになる。ひい

図23　蜂須賀茂韶

てはそれがわが「国是」を高める結果につながるという（明治十七年三月十四日付、『伊藤博文関係文書』六）。

井上の鹿鳴館社交の提唱と相呼応《あいこおう》して、蜂須賀によるヨーロッパ上流社会を舞台にした外交官の積極社交論が展開されていく。蜂須賀は、旧大名を公使に任じてヨーロッパへ派遣し宮廷外交の極意を知ってもらおう、という井上の外交戦略を助ける上で不可欠の人材であった。上流出身を武器にヨーロッパ外交界で活躍するが、蜂須賀の提言後、わが国外交官たちの社交性が高まったことは確かである。「鹿鳴館外交」とは、華美な夜会を連想させる媚態《びたい》外交を言うのではなく、海外に駐在して日夜条約改正交渉に必死でとりくむ若い外交官たちのひたむきな社交活動も含め、国際社会を舞台に広く展開された国際礼譲外交であったことを確認しておく必要がある。

プランケットの来日

明治十七年（一八八四）三月十五日、新任の英国公使フランシス・プランケットが東京に着いた。前任のパークス公使と違い、プランケットは人間的にも穏やかで日本の主張に理解があった。井上と数回の折衝を経て、五月、プランケットは英国政府の最終対案を提出した。日本の改正草案を基本的に認め、新通商条約の存続期間を最少十二ヵ年とし、条約終了に先立って三年間は内地開放を実施すること、ただし日本において西欧の法律主義に則《のっと》った民法・商法・訴訟法が完備され、その翻訳が完成するまでわが国は領事裁判権の廃止交渉はできないとされた。しかも交渉に同意するか否かの権利は英国政府が持つとされていた。

井上は領事裁判権について英政府案に不満であった。法権回復は井上の信念でもある。六月六日、フランスの蜂須賀公使から公信が届く。条約上に内地開放の期限を設け、法律の完全不完全により外国政府がこれに諾否を与えるような条項を入れるのは実に「卑屈」の極みであり、主客転倒の振舞いではないか。内地を開放するしないの判断は日本が決めることであって、外国がとやかく言う筋合いのものではない。日本の法律に従わない者には内地を開放しないまでのこと。くれぐれも「自縛《じばく》」するような禍患《かかん》が及ばぬよう注意してほしい。マーシャルや在英公使館雇いのスチュアート・レーンも同じ考えだ、と書面にあった（四月二十五日付、『外交文書』第十七巻）。

図24　英国公使プランケット
（横浜開港資料館所蔵）

剛腹と評判の殿様外交官蜂須賀ならではの箴言《しんげん》であった。

この問題は英国の世論をも刺激した。六月九日付の『タイムズ』に「日本における

図25　英国工兵中佐パーマー

治外法権」と題した論説が載った。寄稿者は来日経験もある英国陸軍工兵中佐のヘンリー・パーマーであった。パーマーは次のように言う。

現在日本は、「訪れる全ての人に国を開放したい」と願っている。しかし、それを阻《はば》んでいるのは西欧列強である。日本が進歩しつつある今、二十年以上も前に結んだ条約を見直すべきだとの意見も出はじめている。「西洋文明の基礎をなす原理を日本が追い求めていることがはっきりしている以上、かつて日本の思想的基盤が排他的・反進歩的であった時代に締結された条約がはたして現在でも適切なのであろうか」。

日本の提案を列強が同意すれば、日本が全土を開放して外国人の居住や旅行を許し、営業に関する制限も廃止することは間違いない。「西欧の外交使節と艦隊が二十六年前に開始した仕事はここに見事に完成するのであり、今日、日本の資源の開発を阻《はば》む障壁《しょうへき》、日本文明の汚点でもある障壁がここに初めて取り払われることになる」。

この議論は日本の方が理に適《かな》っており、現在の条約は「子供の服が一人前の大人に合わないように日本に合わない」と主張し、最後にこう結ぶ。

更《さら》にこれは、保守党の政策か自由党の政策かという問題ではなくて、人間の常識と通商拡大の問題であり、更につけ加えれば、これは進歩の大道を熱のこもった足取りで歩むきわめて聡明で目覚めた民族を我々がいかに理解し、いかに対処していくかという問題なのだということをここで特に強調したい（樋口次郎・大山瑞代編著『条約改正と英国人ジャーナリスト』）。

パーマーの投稿を受けて、『タイムズ』の社説は日本の条約改正問題をとりあげ、英国の通商には今後日本との協調は欠かせないとの意見を表明した。ただ日本国内に残る排他的傾向に警鐘《けいしょう》をならすことも忘れていない。この二つの論説を通して英国民の対日外交問題に対する関心は高まった。

外務卿井上は『タイムズ』の記事を読んで早速パーマーに感謝を込めた書簡を送り、二つの論説を翻訳して天皇の叡覧《えいらん》に供するつもりだと語った。そして、新任のプランケット公使が「持ち前の協調的で友好的なムードを十二分に発揮」し、日本国民からも大きな評価を受けていると書き添えた（九月十三日付）。翌年パーマーは日本政府の要請により横浜水道建設の工事総監督として来日、日本で二年半をすごすことになる。

井上の建議書

英国のジャーナリズムから支持されたことで力を得た井上は、七月十七日、みずから「条約改正ニ関スル建議案」と題する所信案を内閣へ提出した。この建議書は、井上の文明観、対外観を知る上できわめて重要である。

冒頭で治外法権の非を断じたあと、こう述べる。

「自主独立の国」とは、その国土内で立法・司法・行政の全権をもって、いささかも他国の干渉を許さない国のことを言う。わが国がそうした本来の意味での主権国家となるには、外交談判によって主権を回復する以外に方法はない、と断言する。したがって、政府の外交政略をしっかりと定めて、「内はもって官民の方向を一つにし、外はもって各国の信憑《しんぴょう》を得る」ことが大事である。西欧列強の信頼を勝ち取るにはどうすべきか。そのためにはまず社会に残存する排外主義の一掃が必要だとして、「鎖国攘夷の感情を一変し、いやしくもこれが誘原《ゆうげん》をなすべきものは一切杜絶《とぜつ》する事を勉《つと》めざるべからず」と主張する。彼が国民に対して求めたものは、まさに「鎖国攘夷の感情の一変」であった。国民の教化、文明化とは、攘夷的感情を国民一般の間から取り除くことでもあった。攘夷的感情が一掃されてはじめて、国民の自立が果たされるはずであった。それが「文明」というものであろう。井上はそう考えたに違いない。

このようにわが国が「開国の主義」を言明すればこそ、それに応《こた》えて欧米各国も「治外法権を永存する意はない」と言ったのではないのか。国際的信義とはそうしたものである。したがって、ひき続き彼らに、わが国が「攘夷鎖国の感情を一変し、ようやくその位置を泰西の文明に進化して亜細亜《アジア》州中に泰西文明国同胞の一国を造出せんとするに至るへし」との感を深く起さしめることが大切である。法権の完全回復のためにも「旧来の陋習《ろうしゅう》を破り、ますます文物制度を改良し我邦《わがくに》の位置をして彼の泰西各国と大差なからしめ」ねばならない。

さらに、この開国主義にとって必要なのはキリスト教と信教自由の公認である、と言う。西欧文明の根底にキリスト教があることも井上はよく知っている。キリスト教の精神を理解しなければ、西欧文明そのものを深く理解することはできない。キリスト教の公認は外交交渉にとって必要なばかりでなく、わが国の「文明化」にとっても不可欠な要素であり、この信教問題が解決されることでわが国も主権国家としての体面を保つことができると主張する。最後に次の四つの議目を掲げて論をしめくくる。

第一　政府は維新以来御誓文《ごせいもん》の御旨意《ごしい》を奉体《ほうたい》し開進の主義を取り外交政略を確定すること

第二　政府は耶蘇《やそ》教《きょう》を禁制せさる趣意《しゅい》により外交政略に確定すること

第三　政府の外交政略確定せは一体の官吏をして能く政府の趣意を体認《たいにん》せしめいやしくもこれに背違《はいい》の行為なからしむること

第四　一般宗教の取扱方法を定むること（『外交文書』第十七巻）

これを読むと、鹿鳴館の建設にあれほどこだわった井上の気持ちがよくわかる。西欧諸国がキリスト教的価値観とそこから派生した国際法を基準にして文明を推《お》し量《はか》る以上、日本もアジアにヨーロッパ的文明国をつくらねば前に進むことはできないのである。法権について言えば、外国人の生命・財産・自由などの諸権利を、日本が充分に保護する能力があるかどうか、国際法の拘束《こうそく》をまともに受けるに足るほど安定しているのかどうか、それを確かめた上で合格基準に達していなければ文明国として認めないというのである。

西欧的な文明国が出来上がれば新しい文化も生まれ、人も育つ。心の内にあるものは必ず外に形となって顕《あらわ》れる。それが人情というものだ、と井上は言う。日本の人々が攘夷的感情から解き放たれなければ、日本は新しい文明国として生まれ変わることはできない。そのための内地開放であり、法権回復である。鹿鳴館の夜会も舞踏会も慈善バザーも、限られた上流の人々や一部の外国人たちだけの楽しみではなかった。西洋音楽の聴き慣れない旋律が、白煉瓦の壁の向こうから聞こえてくるだけで、人々は「文明の微醺《びくん》」に酔いしれた。

鹿鳴館の内からワルツやポルカの調べとともに流れてきたであろう『蛍の光』（スコットランド民謡）や『庭の千草』（アイルランド民謡、原題『菊』）が、『小学唱歌集』として収録され、やがて少年少女たちに歌い継がれていく。鹿鳴館は日本の人々に西欧という新しい文化の存在に気づかせただけでなく、伝統文化を見直すという革新的な役割をも担うことになるのである。

『庭の千草』の原詩はトマス・ムーアの“The Last Rose of Summer”であった。作詩家の里《さと》見《み》義《ただし》は、日本の風土になじまないバラを白菊に置きかえて、美しい晩秋の風情を詠《うた》った。ヨナ抜き長音階による和洋折衷《せっちゅう》の歌曲であったとはいえ、『庭の千草』が小学唱歌に採り入れられた明治十七年（一八八四）は、西欧音楽の国民化という意味においても記念すべき年であったのかもしれない。

「建議案」提出後の八月四日、列国公使にあてて井上は日本政府覚書を送付する。その中で井上は、外国人に対して内地を全面開放するのは、あくまで関税自主権と領事裁判権の回復という、二つの主権問題が解決された時である、と強い口調で述べている。そして、本覚書を今後の条約改正会議の基礎として採用するよう、改めて要望している。井上の申入れに対し、翌八月五日から十月二十四日までの間に列国公使からそれぞれ同意の回答があり、条約改正会議開催の準備が整った。

清仏戦争

このころ、東アジアをめぐる国際情勢はきわめて不穏な空気に包まれていた。

ヴェトナムの領有権をめぐって清国とフランスの間で戦いが始まったのは明治十七年

（一八八四）六月二十三日である。直隷総督《ちよくれいそうとく》兼北洋大臣《ほくようだいじん》の李鴻章《りこうしよう》は、和平の方向で交渉を進め、五月には天津《てんしん》において協定を結んだが、内容が不明確であるとの理由で、フランスが強硬な姿勢をとったため両国は武力衝突するに至った。清仏戦争の勃発である。かねてこの問題に関してフランスから日仏提携を持ちかけられていた日本としても、事件の発生を見過ごすことはできなかった。李鴻章の根拠地である天津は清国外交の中心地でもあり、フランス語の堪能《たんのう》な敏腕外交官を派遣する必要に迫られた政府は、若干二十七歳の外務省御用掛《ごようがかり》原敬《はらたかし》を天津領事に任命し交渉にあたらせることにした。原の任命は前年の十一月二十六日であったが、赴任を急ぐ必要があった。渡辺洪基《わたなべひろもと》の媒酌で中井弘の長女貞子を妻に迎えると、そのまま十二月五日には夫人同伴であわただしく天津へ向かった。妻貞子は当年とって十五歳、跡見《あとみ》女学校に通う学生であった。原は義父の中井とはウマが合い、政治外交上の問題をよく論議した。中井もこの婿をことの外《ほか》可愛いがり、藩閥の外にあって不遇をかこつ原を何くれとなく世話した。

ここに、井上・中井・原を結ぶ政治的水脈が形成される。三人ともに徹底した反攘夷の開国主義者であった。それは「族」を超えた一本の太い線となって近代日本の政治に確かな文明の軌跡を描いていく。外交官原敬は、いわば鹿鳴館の申し子ともいえた。明治十七年（一八八四）一月天津に到着した原は、フランス領事リヒテル・ヒューベルと密かに連絡をとりつつ両国の動勢を探った。

フランス海軍は八月、にわかに鋒先《ほこさき》を台湾に向け基隆《キールン》を攻撃、さらに対岸の馬尾《マーウエイ》にいた清国の福建《フーチエン》艦隊を壊滅させた。十月一日にはクールベー提督率いる九隻の艦隊が再び基隆を攻撃して砲台を占拠、台湾の封鎖を宣言した。この間、原は「清仏事件略誌」を記し、外務卿井上や駐清公使榎本へ詳細な報告を送った。榎本も「貴官の報告は何時も緊要のものとこれまた毎々《つねづね》感じ入り候」（五月十三日付）と原の正確な報告に感心している。

榎本武揚の調停

その榎本が北京から天津に来たのは明治十七年（一八八四）十月二十五日であった。李鴻章と直接密談を交わすためである。同日と二十七日の二回の会談を通じ、榎本はフランスが新しい和平案を持ち出したことを知った。台湾における関税権と石炭採掘権の貸与を求めるものであった。米英両国が和平介入に動くなかで、榎本も調停役を買って出ようとしていた。フランスの台湾進出を警戒したのは榎本だけではなかった。駐露公使花房義質《はなぶさよしもと》は、十一月「清仏啓釁《けいきん》ニ付台湾ヲ処スル方略」を政府へ送り熟慮を促した。それに言う。

南島の危機的状況は甚しい。この時にあたってわが国の「堅固安寧《けんごあんねい》」を計るには、フランスの台湾占領を阻止するか、もしくは清国がフランスへ台湾を割譲するのを防ぐか、どちらかしか方法はない。両方とも不可能となればわが国が進んで台湾を占領する策に出るより仕方がないのではないか。機は熟している。人と金と兵力があれば時を移さずに実行すべきである（『秘書類纂　外交篇』中巻）。

榎本も花房も東アジア政策については積極派である。明治十五年（一八八二）の軍拡詔勅の布達後、両者の対外強硬姿勢はさらに強まる。もうひとりの積極派、駐韓弁理公使の竹添進一郎《たけぞえしんいちろう》は賜暇帰国中であったが、朝鮮独立党のクーデター計画が進んでいるとの報に接して急ぎ帰任した。十月三十日である。

竹添公使は十一月一日、国王に謁見し、壬午事変の賠償金四十万円の返還を申し出、政府の名で汽船一隻と山砲二門を贈与した。朝鮮独立党の金玉均《きんぎょくきん》らは、日本の援助を期待して十一月四日、クーデターを断行する決意を伝えた。竹添からの請訓に接した井上は、竹添が示した積極援助策の甲案は穏当《おんとう》ならずとして、清国との協調を基本とする自重策の乙案を採用するよう訓令を与えた。背景にはフランスによる台湾占拠問題があった。

十一月十八日、井上は榎本公使に対し、台湾問題について「わが国において調停を試むべき」意の訓令を発した。榎本は二十三日、清国総理衙門《そうりがもん》総裁の慶郡王《けいぐんおう》と会談し、日本が清仏間の紛争を調停する用意があることを告げた。会談の冒頭で、榎本は、アジアが衰微し西欧諸国の「強制」を受けるようになって久しいが、この衰運を挽回して「彼我鼎峙《ひがていじ》」の域に進められるのは貴国と日本のみであると語り、台湾をいったん失えば「貴国腹心の疾《しつ》」となるだけでなくアジア全体に多大な影響を与えることを覚悟すべきだと警告した。榎本が提案したフランスへの賠償金支払いと鉄道利権の譲渡を清国側が拒んだためこの調停は成功しなかった（十一月二十六日付機密信、『外交文書』第十七巻）。

甲申事変

だが、漢城では井上からの回訓の到着を待たずにクーデターは決行された。十二月四日のことである。当初クーデターに反対していた竹添も、国王が召命を発すると、結局は三個小隊の兵力を率いて王宮に入り、親清派事大党の閔氏《みんし》政権を倒して独立党の親日政権を支持するに至った。しかし、二日後の十二月六日、国王保護を理由に浸入してきた清国軍によってクーデター政権は崩壊、再び閔氏政権が復活した。争乱の過程で、日本公使館は焼き打ちにあい、多数の日本人が殺害され、金玉均らは日本に亡命した。いわゆる甲申事変《こうしんじへん》である。

この甲申事変で、朝鮮国王の召命があったとは言え、竹添公使が独断で国王を擁して独立党政権を支持したことに対し政府内でも意見が分れた。翌明治十八年（一八八五）一月二日付の書簡で井上は、竹添の行動を国際法の見地から妥当ではないかとの見解を伊藤に示している。

さ候えは竹添公使の所業たる、得策または我政府の便誼《べんぎ》なる事柄なるや否は置て問わず、公法上の違法者と相成らずという時は、我公使些《さ》少《しょう》兵を以て国王の一身保護するの位置を清兵より攻撃したるにつき、クレームするの権利を強むるやに相考えられ候（『伊藤博文関係文書』一）。

やはりここでも井上は、竹添公使の行動を正当化する根拠を国際的信義に置いているように思われる。また、竹添の行動をわが国にとって得策か否かはあえて不問に付すとの言葉には、今回のクーデター援助に対してかなり否定的なニュアンスが含まれているのではないだろうか。結局、十二月二十一日、特命全権大使に任命された井上が渡鮮、竹添公使責任論を回避したまま、「今回の変乱の曲」はわが国にあらず、との方針で朝鮮政府と直接交渉し、翌年一月九日、国書による謝意表明と公使館焼失の賠償を中心とした漢城条約に調印した。

朝鮮政府との結着がついたあとの二月末、日清両国の共同撤兵問題を話し合うため、伊藤自ら全権大使となって渡清、前後六回にわたって李鴻章と折衝を重ね、四月十八日、天津条約を結ぶ。条約には朝鮮から両国が撤兵し、軍事教官を派遣せず、今後朝鮮に変乱があり出兵する際にはお互いに事前通告すること、などが盛り込まれた。天津での外交交渉を通じて日清両国は朝鮮領土の不可侵を認め、対ロシア政策も含めて東アジアの平和と現状維持とを確認し合った。天津滞在中、伊藤は領事館に止宿し原の懇切な世話を受けた。伊藤が原の人物たるを知ったのはこの時であったといわれる。一方、竹添は六月に罷免され再び官に就くことはなく、帝国大学の漢学教授として一生を終えた。

甲申事変の平和的解決は、実情を知らない民心を激昂させ、清国討つべしの声が巷《ちまた》にあふれた。東京では一部の私立学校生徒が上野公園でデモ行進し、非戦論を掲げた朝野新聞社を襲うなどの騒ぎを起した。伊藤が天津で交渉中の三月十六日、『時事新報』は福沢諭吉《ふくざわゆきち》の「脱亜論」を掲げる。福沢は日本国民の精神はすでに「アジアの固陋《ころう》」を脱して西洋の文明に移ったと述べ、これからはむしろ「その伍《ご》を脱して西洋の文明国と進退を共に」する必要があり、清国や朝鮮に対しても「西洋人がこれに接するの風に従って処分」すべきであると断言、「我は心においてアジア東方の悪友を謝絶するものなり」と主張した。福沢が文明の名において西欧の仲間入りを宣言した論説として有名であるが、井上の日清提携を基調にした東アジア協調論とは相容れない、感情論に近い論旨であった。

英・露・仏の東アジア進出

しかし福沢の論説も一概に感情論として片付けられない真実の側面もまた含んでいた。中央アジアのアフガニスタンをめぐる英露の紛争が、三月から四月にかけて東アジアにまで及ぶ事態に立ち至ったからである。ロシアは朝鮮国王の求めに応じて、軍事教官を派遣する代償として朝鮮北部の永興湾《えいこうわん》（ポート・ラザレフ）の租借《そしゃく》を要求、これに基づいて四月に第一次露朝密約の草案が出来上がった（七月一日不成立）。一方、英国はロシアとの開戦に備えて、ロシアの機先を制し四月十五日、対馬海峡を制圧できる要衝巨文島《きょぶんとう》（ポート・ハミルトン）を占拠する行動に出た。清仏戦争は、六月九日に天津で調印された李・パトノートル条約によって終結を見たが、フランスのヴェトナムに対する保護権はここに正式に認められることとなった。

露・英・仏の東アジア進出に対し、日本はどう対処すべきか。日本は外交戦略が問われる正念場に立たされた。

積極派の榎本公使は、朝鮮を日清合同の保護下に置いて他国の干渉を招かぬようにすべきだと井上に進言した。日清両国指導のもとに本当に自立を果たすまでは、井上が考えるような朝鮮の中立国化は無理だと主張する（五月六日付機密信）。

これに対し井上は、こう答える。天津条約を結んだからと言って、独立国として認めた朝鮮を「半属」もしくは「保護国」とするような考えは全くない。この条約は日清間の紛議を将来に残さないために結んだものである。この精神を列国の駐在公使にもよく伝えてほしい、と（六月九日付機密信）。

だが、英国の巨文島占拠は井上に大きな衝撃を与えた。背後にロシアのアフガニスタン占領をめぐる英露の対立があることは知っているものの、朝鮮問題が西欧列強を巻き込む形で国際問題へ発展する可能性を持ち始めたことは、東アジアの平和維持がこれまでのように日清間の連携のみでは不可能と思われた。それは彼の想い描く大アジア主義の破綻をも意味していた。

六月十三日、井上は河瀬真孝《かわせまさたか》駐英公使に対し、英国の巨文島占拠について対応策を訓令した。英国の所業は英露葛藤の際、やむを得ざるものとはいえ、占拠が将来にわたれば朝鮮問題のみならず東アジア全州の利害に関係してくることは火を見るより明らかであり、ロシアも朝鮮南部へ進出するに違いない。その結果どうなるか。

つひに追々朝鮮国を分割して他国に贈与する如くに相成《あいなり》、その際各国の競争は必らず甚しく我邦の近海は争乱紛議の中央となり、東亜細亜《アジア》の平和は殆んど保持する能《あた》はざるに立至るべく候（『外交文書』第十八巻）。

東アジアの平和を維持するためにも、この際、英国の巨文島占拠問題は清国を通して間接的に抗議する必要があろう。条約改正問題の絡みからも、今わが国が英政府の「甘心」を失うのは得策ではない。あくまでも清国が朝鮮宗主国の立場から直接異論を唱えるように仕向けてほしいと指示した。すなわち親英政策をもって日・清・朝間の連携強化と東アジアの平和維持に役立てる意向を示した。

一方、ロシアの朝鮮進出の対抗措置として、井上は七月、清国政府に対し「朝鮮弁法八箇条」を提出、朝鮮に対する清国の宗主権を黙認した上で、これまで以上に日清両国が協調関係を強化して朝鮮問題にあたる必要を力説した（『外交文書明治年間追補』第一冊）。

ここに日清関係、朝鮮問題が欧米との条約改正問題にコミットされると同時に、これまで採ってきた井上の朝鮮中立国化構想は崩れ、かわりに清国の朝鮮に対する支配権は強化されていく。ロシアの朝鮮進出を防ぐためにも日本は清国の軍事力に頼らざるを得なくなる。ここで日本の軍備拡張が論議にのぼる。軍部からの軍拡要求に対し、井上は伊藤、松方らと緊縮財政を掲げてこれに反対、軍拡計画の再編という形で妥協した。十月であった。井上は伊藤にあてて記している。

またこの度の改革は姑息《こそく》にこれをなし置くことなれは無用、これを充分にせんと欲せは海陸軍を片手に持してこれを遂《とぐ》るのほか策なかるへし（十月十九日付、『伊藤博文関係文書』二）。

しばらくの間、軍備の大幅な拡張は抑えられることとなった。明治二十年（一八八七）二月には英国海軍も巨文島から撤退し緊急事態は避けられた。

さて、条約改正である。

改正新草案の作成

井上は前年八月四日に各国公使へ送付した日本政府覚書に基づき、明治十八年（一八八五）三月、条約案の起草にとりかかった。箱根湯本の福住楼《ふくずみろう》に関係者が集った。草案が外に漏れることを恐れたからである。井上を中心に、外務少書記官で条約改正掛の栗野慎一郎《くりのしんいちろう》、外務省顧問の米国人デニソン、そして司法省からも横田国臣《よこたくにおみ》ら法律に詳しい人々が参加した。草案はデニソンが英文で起草したものを、司法省顧問のフランス人ボアソナードとドイツ人ルドルフの両者に見せて意見を訊いたところ、ルドルフから異論が出た。法権に関するルドルフの修正意見には、「クリスチャン・プリンシプル、クリスチャン・モラリティーに反した規則は、外国人に対して効力がない」と記してあった。西欧文明とはキリスト教文明にほかならない、という井上のかねての考えがそのまま反映されていた。しかし、一読した井上は、「これはいかぬ」と言ってその部分をすべて消してしまった、と栗野は回想している（平塚篤『子爵栗野慎一郎伝』）。

その後、ルドルフ案をめぐって栗野は次官の青木周蔵《あおきしゅうぞう》と対立し外務省を一時去る。栗野の代わりは外務権大書記官の斎藤修一郎《さいとうしゅういちろう》が引き継ぎ、キリスト教主義云々の文言《もんごん》を省いて、単に日本の法律規則は外国公使に「コミュニケート」（通知）するという一語を入れることで草案はまとまった。栗野も斎藤も明治八年に米国へ留学、前者はハーバード大学を卒業して同十四年に入省、後者はボストン大学を卒業して同十三年に入省、いずれ劣らぬ秀才で井上に気に入られていた。年齢が近いこともあって原とも親しかった。外交官も第二世代の時代が始まろうとしていた。

四月二十五日、日本の改正条約案、諸規則案が列国公使に内示された。方針どおり、新草案は、条約の期限を十一年とし、廃棄に際して内地を全面開放するが、同時に領事裁判権を廃止すると謳《うた》っていた。井上はこれを基礎に完全な条約案を作成し、十月には条約改正会議を開く予定でいた。ところがドイツ公使の突然の転任と内閣制度の創設準備などが重なり開催は延期された。

内閣制度の始まりと官制改革

近代的立憲政治の実現をめざし、十二月二十二日、伊藤はこれまでの太政官制度を廃止して内閣総理大臣と各省大臣から成る内閣制度を創始、宮中と府中を区別し行政府の権限を強化した。初代内閣総理大臣には伊藤が就任、閣僚は十人でそのうち薩長出身者がそれぞれ四人ずつポストを占めるという、まさにバランスのとれた薩長藩閥内閣であった。

明治十九年（一八八六）二月二十六日、各省官制が公布されるにともない、外務省でも大幅な官制改革が実施された。外務卿の名称は廃止され、外務大臣となった。大臣は「外国に対する政略の施行および外国における我国貿易の保護に関する事務を管理し交際官および領事を監督す」と定められ、大臣官房に秘書官三人が置かれた。大輔も次官と名称が変わる。局課の改廃により、総務・通商・取調・翻訳・記録・会計の六局となり、局長には大書記官クラスの奏任官《そうにんかん》が充てられた。三月十六日には交際官及び領事官制も改定され、公使館参事官と交際官試補ならびに領事館書記生が新たに加わった。外交官の名称はまだ使われておらず、「交際官」であった。新官制による幹部人事の発令は三月三日である。

表　外務省幹部一覧（明治19年3月）

本省	氏名	出身地	在外公館	氏名	出身地
外務大臣	井上　馨	山口	イギリス	河瀬真孝	山口
外務次官	青木周蔵	山口	アメリカ	九鬼隆一	京都
総務局長	〃（兼）	山口	フランス	蜂須賀茂韶	東京
通商局長	浅田徳則	京都	ドイツ	品川弥二郎	山口
次長	藤田隆三郎	愛媛	ロシア	花房義質	岡山
取調局長	鳩山和夫	東京	イタリア	田中不二麿	愛知
次長	栗野慎一郎	福岡	オーストリア	西園寺公望	京都
翻訳局長	鳩山和夫（兼）	東京	オランダ	中村博愛	鹿児島
次長	小村寿太郎	宮崎	清国	塩田三郎	東京
記録局長	近藤真鋤	東京			
会計局長	浅田徳則（兼）	京都			
次長	内藤類次郎	東京			

参考までに局次長、公使クラス以上の幹部名を一覧で掲げておく。一見してわかるのは、藩閥人事ではなく、経験を重視した能力主義に拠る人的構成だということである。これは他省には見られない外国官時代からの外務省の伝統でもあった。原の伝記を書いた前田《まえだ》蓮山《れんざん》が、東北から多数の外交官を出した理由を尋ねたところ、原はこともなげに「なあに、われわれ東北人は、外務省ででもなければ、容易に入れてもらえなかったのだ」と答えたという逸話は、一面の真理をついている。

なお、余談ではあるが、この時の人事で外務省翻訳官に任命された中根《なかね》重一《しげかず》は広島人で、作家夏目《なつめ》漱石《そうせき》の義父である。まだ三十五歳の少壮官吏であったが、娘鏡子が漱石に嫁ぐころには貴族院書記官長の要職に就いていた。

内閣制度が発足し、いよいよ条約改正会議の開催も間近にせまると、井上の鹿鳴館演出も最高潮に達する。二月二十七日付の『東京日日新聞』は「鹿鳴館ならでは夜も日も明けず」との見出しで、連日連夜の舞踏会開催を「七輪《ひちりん》に火の気なく俎板《まないた》の乾《かわ》き上《あが》りし料理店の主人にして、これを聞かば艶羨《えんせん》に堪《たえ》ずして、ために浩歎《こうたん》を発するなるべし」と揶揄《やゆ》すれば、翌日の『郵便報知』も負けじと「中々箔《はく》がつかぬ鹿鳴館紳士」と題し、これまでエチケットを知らない紳士が外国人の嘲笑を受けることも多かったが、「日本紳士も追々宴会等の礼式に慣れたれば、今回はさような不体裁はあるまじ」などと俄《にわ》かづくりの洋風紳士に茶々を入れる。

西洋文化の浸透

蚊帳《かや》の外に置かれた一般庶民が鹿鳴館の華美豪奢《かびごうしゃ》をいくら嘆こうとも、音楽、演劇、美術、はては衣食住の生活のすみずみに至るまで着実に西欧化は浸透していた。文部大臣森《もり》有礼《ありのり》によって改組されたばかりの帝国大学では、四月に詰襟《つめえり》洋服を制服と定め、頭には欧風の菱形帽を被《かぶ》らせた。学生服の誕生である。翌年一月には皇后が婦女子に洋装を奨励する思召書《おぼしめししょ》を下付、以後上流婦人の間に洋装が広まる。華族女学校が体操授業のため生徒に洋服を着用させたのは半年後のことである。思召書には、洋服は「立礼」に適するだけでなく、「身体の動作歩行の運転」に便利である、とその機能性が説かれてあった。国産服地の使用を勧奨してもいた。東京日本橋の白木屋洋服店が「女洋服《おんなようふく》」の広告を新聞に初めて出したのは、明治十九年（一八八六）十一月であった。

こうした日本女性の洋装化を、鹿鳴館文化の社会現象として冷徹な目で眺めていた外国人がいた。日本の条約改正を支持する論説を『タイムズ』に数多く発表してきた英国人パーマーである。「日本の社会問題」と題したこの論説は明治二十年（一八八七）四月十四日に書かれたものであるが、彼は日本女性の着物姿を美しいと認めた上でこう言う。

図26　洋装の井上武子（馨夫人）

新文明での完全な成功を目ざすなら、この二十年間、あのように例を見ない活力と決意で遂行してきた物質面、行政面、教育面の諸改革だけに甘んじることはもはや許されない。西洋文明の成長と活力の源泉である社会条件と原理を日本の国家体制ばかりでなく、社会機構や道徳機構全体に吹き入れなければならないのである。日本において、おそらく女性の地位ほど西洋文明の風潮と矛盾しているものはないだろう（『黎明期の日本からの手紙』）。

そして今回の皇后の洋装奨励について、

「新しいこの運動は、ただ西洋の風習であるというだけで盲目的に従っているどころか、日本を西洋諸国家と列《なら》べさせ、双方の間の間隙《かんげき》をできるだけ縮小しようとする高遠《こうえん》で、思慮に富んだ計画の一部である」と称賛する。

つまり、日本女性の洋装化は、女性の社会的地位を向上させるのに役立つのみならず、国家そのものの近代化にとっても不可欠だというのである。殿方の目を楽しませた鹿鳴館婦人の洋装は、単に舞踏会のためばかりでなく、日本社会全体を文明化させる原点でもあったのである。

一方、「住」の面で、建築好きの井上は、官庁街を中心に東京の大改造計画を立てていた。条約改正を成功に導くには、国家の威信を示すにふさわしいヨーロッパ並みの機能的で美しい都市を東京につくるべきだ、と井上は思った。当初、井上が都市計画を依頼したのは鹿鳴館を設計したコンドルであった。しかし、コンドルの案は、いずれも井上の華麗な中央官庁計画とはおよそそぐわない陳腐なものであった。

明治十九年（一八八六）一月、井上は官庁集中計画を実施するのに必要な部局の創設を閣議に図り、承認された。二月十七日、内閣直属の臨時建築局が発足し、総裁に井上が就任するとともに、副総裁には警視総監の三島通庸《みしまみちつね》が兼任のまま起用された。ヨーロッパでは都市計画や衛生行政などに関する権限を警察が持っていることを考慮に入れた選択であった。

コンドルに見切りをつけた井上は、ドイツびいきの外務次官青木と相談し、ドイツ建築界の大物であるヘルマン・エンデとその共同経営者ウィルヘルム・ベックマンを招くことにした。ふたりともドイツの建築学校ベルリン・バウアカデミー出身の秀才であった。

四月二十七日、来日したベックマンが東京で泊まった宿舎は鹿鳴館であった。彼は鹿鳴館についてヨーロッパの一流ホテルなみだと言って誉《ほ》めたという。滞在中ベックマンは東京の都市計画図と議事堂・司法者・裁判所の略図面を引き、天覧にも供された。完成図面は、「東京全体の改造を意図する壮麗なバロック都市計画」（藤森照信『明治の東京計画』）といわれる。井上も大満足であった。

この計画が失敗すればドイツとの関係も悪くなる。それは条約改正に大きな影響を与えることにもなろう。井上はそれを恐れた。伊藤にあてて言う。

実は破談等に相成《あいなり》候ては、ついに独公使の耳にも達し、当時同公使改正事件にて、すでに陳述《ちんじゅつ》つかまつり候よう非常の骨折、火の如く相成おり候場合に、些少《さしょう》たりとも不快を生せしめ候よう事柄これなきよう注意はもっとも必要と愚考つかまつり候。実に改正の目的を達するは未《いま》たこの先き容易にはこれなく、只々《ただただ》独英両政府の決心の深浅により、成否相別《あいわか》れ候ようなる誠にデリケートの場合、万事につけ別後を慮《おもんぱか》り申さずしては相成らざる事にて、なるべく事をまとめ候よう御注意深く願い奉り候（六月十九日付、『伊藤博文関係文書』一）。

列国合同の条約改正会議は、ベックマンが来日して間もない五月一日から外務省で始まっていた。それは井上が危惧したように、英独両国の決心にその成否がかかる、まさにデリケートな問題であったのである。

原敬のパリ

青年外交官・原敬

明治十八年（一八八五）十二月二日の夜、パリマルソー通り七十五番地の日本公使館に新任の書記官が姿を見せた。二十九歳になったばかりの青年外交官原敬《はらたかし》である。公使の蜂須賀茂韶《はちすかもちあき》はスペインに出張中のため夫人に挨拶をすますと、そのまま駐在武官の陸軍少尉野津鎮武《のづしずたけ》と市中へ散歩に出る。その晩はホテル泊まりであった。初めて見るパリの町は原にとって眩《まぶ》しかったに違いない。

天津領事であった原が、外務書記官としてパリ在勤を命じた明治十八年五月九日付の辞令を受けとったのは、五月二十四日であった。後任の領事波多野承五郎《はたのしょうごろう》の着任を待って、事務引継を終えた原は、七月二十五日に天津を発ち八月四日長崎に着いた。十七日に外務省へ出頭し受書《うけしょ》を提出、三十一日には外務卿井上に会ってパリ転任の礼を述べるとともに、今後在勤中はぜひヨーロッパで学問に励みたい、と積年の希望を伝えたと思われる。井上は原の人物を見込んで、早くから彼の欧州派遣を考えていた。斎藤修一郎《さいとうしゅういちろう》が原にあてた書簡にこうある。

老兄この度の転任は野生《やせい》に於ても大に満足する処にして、右は老兄御出立の時すでに外務卿の案中にこれあり候義とは申しながら、かくの如く速《すみやか》に相運《あいはこび》候よう相成《あいなり》候わけは、全く老兄着任執務以来、李《り》氏との交際並に処務その宜《よろしき》を得、大に外務卿の意に適し、老兄の後来有為の人物たるを諒知《りょうち》せられ、欧州の学識並に経験を得せしめんとの最も公平恩親の宏意《こうい》に出《いで》候次第につき、将来に於てはなお一層御勉強相成《あいなり》、望《のぞみ》に反せさるよう切望致し候（六月十日付、『原敬関係文書』第二巻）。

清仏戦争や天津条約締結の際に果たした原の功績を、井上が高く評価しているという。井上も原にヨーロッパの本場でさらに外交官の経験を積んでもらいたかったのであろう。

マーシャルの情報提供

原敬が英国船カシガル号に乗って横浜を出帆したのは、十月十四日の明け方であった。前日の十三日、横浜富貴楼《ふうきろう》で井上と会った原は、蜂須賀公使に伝えるべき内訓を受けた。要点は四つある。今後の政略にも関係することなので英人マーシャルとの不和をすぐにも解消し、彼を情報員として再び活用すること、英仏独露のヨーロッパ情勢は混沌としており、適確な情報を得られる人間は今のところマーシャル以外にはいないこと、ロシアと対抗するため英国公使はしきりに日清連合を勧めるが、さしあたりわが国はそのつもりがないこと、朝鮮については干渉せずしばらく傍観するつもりであること、以上である。

蜂須賀公使とマーシャルとの不和の原因は、時々刻々と変化する欧州情勢を、公使を飛び越して直接伊藤や井上へ報告するというマーシャルの越権行為にあったらしい。当初はそれを黙認していた蜂須賀も、次第に傲慢な態度をとるようになるマーシャルに腹を立てた模様である。マーシャルはすでに六十一歳の老齢であり、鮫島尚信に公使館秘書として雇われてから十四年もの歳月が流れていた。生活の不安もあって、寄る年波に焦りのようなものを感じていたらしい。出発前に伊藤から託された手紙を渡すと、マーシャルは大いに満足した様子だったと原は伊藤に書いている。続けて、春ごろから公使だけでなく館員ともうまくいっていない様子なので、とりあえず自分が仏文書簡の校正等の仕事を与えておいたので昨今は館員たちとも打ち解け始めた、とも語っている（十二月二十四日付、『伊藤博文関係文書』六）。

ヨーロッパにおいては、宰相ビスマルクが主導するドイツ帝国が優位に立っていた。一八八四年の第二次三帝協商成立以後は、オーストリア、ロシアと協調関係を保ちながらドイツは着実にアジアへの植民地政策を推し進めていた。これにともない植民地問題をめぐって英国とも対立を深めていく。一八八五年に入り、エジプトやアフガニスタンの問題をめぐって、英国がフランス、ロシアと険悪な情況に陥ると、ドイツはこれを利用して東アジアにおいても自国の勢力と通商権益の拡大をねらった。こうした国際情況をマーシャルは、逐一《ちくいち》英文で記し、「政況報告」として伊藤、井上に送っていた。この情報が条約改正に重要であったことは言うまでもない。井上が出発前に原に語った「これらを探知するにはマルシャルを使用するに若《し》かず」とは、具体的にはこうした動きを指している。

原は十二月九日から、早速フランス人教師に就いてフランス語の勉強を始める。十三日にはオランダ駐在の弁理公使中村博愛《なかむらひろやす》が、原の着任を聞いてわざわざパリに来てくれた。中村は薩摩の人、義父中井の親友で、亡き鮫島公使とは幕末留学以来親しい間柄であった。ともに近くの料亭パサジェ・デ・プランセスで夕食をとりながら語り合い、市中を散策した。鮫島が生前いかに近代的な外交官の育成に心を砕き、日本外交の前途を憂いていたかを、中村は若い原に語って聞かせたのではなかろうか。原はかつて鮫島がそうであったように、国際社会で通用する職業外交官《キャリア・ディプロマット》になることを目ざしていた。そのためのパリ公使館勤務であった。中村と会った前の晩には、フォーブール・サントノーレ二百五番地（205 Fouboug St. Honoré）にあるマーシャルの家を訪ね、個人的に外交や国際関係について話をしている。井上に書く。

小生身上の事についてては一年間くらいはやむを得ざるものの外《ほか》は、夜会その他にもなるべくは出席致さず、語学並《ならび》にその他の学事に勉強致し度《た》き旨《むね》、公使へも述置き、承認を得候につき、公務はもとより勉励致すべき事申すまでもこれなく候へども、他事は当分の間まづひと通の事に致し置き申すべくと存じ候（十二月十八日付、「井上馨関係文書」）。

とはいっても、外交官たるもの夜会に出席しないわけにはいかない。翌年一月四日、フレシネ新内閣が発足すると、フランス政府要人による夜会が毎日のように続いた。

日本人留学生たち

井上の意見で、フランス語に巧みな外交官を養成するためベルギー政府と協定して、五人の日本人留学生を送ることになったのもこの頃である。パリ公使館の書記生であった松方正義《まつかたまさよし》の次男正作《しょうさく》も、井上の命により留学生となったひとりである。

松方のことに触れたついでに、洋画家黒田清輝《くろだせいき》について書いておく。東京外国語学校フランス語科の学生であった黒田は、フランスで法律を学ぶため明治十七年（一八八四）三月十八日パリに着く。十八歳であった。パリでは同郷の二人の公使館書記生が面倒を見てくれた。橋口直右衛門《はしぐちなおえもん》と松方正作である。松方の世話で黒田は公使館から五、六町ほどの距離にあるパッシートの中学校に入り語学の勉強を続けた。翌年十二月に原が着任すると直ちに挨拶に出向く。面白いのは、原が個人教授を頼んだフランス人アルカンボウ（Arcambeau）に黒田もフランス語とラテン語を習ったことであろう。

明治十九年（一八八六）一月末、黒田は松方がパリを去るのと時を同じくして、モンルージュのミルマン塾に入り直し、法律学校に正式に通い始めた。これも松方の世話であった。松方がベルギーへ向け旅立ったのは二月五日、その二日後に公使館で原が主宰する日本人会が開かれることになった。パリ在留日本人の親睦会で、毎月第一日曜日と決まった。原のアイデアである。黒田もこの会の常連となった。

この集りの時であったかどうかは定かでないが、画学生の山本芳翠《やまもとほうすい》、藤雅三《ふじまさぞう》、林忠正《はやしただまさ》の三人から、黒田は画学への転向を勧められる。日本人会の初会合が公使館で開かれたことを告げた二月十日付の書簡の中で、黒田は父に次のように記している。

山本、藤、林の諸氏が日本美術の西洋に及ばざるを嘆じ私に画学修業をしきりに勧め申し候。かつ私に画の下地あるを大に誉《ほ》め曰《いわ》く、君にしてもし画学を学びたらんにはよき画かきとなるや必《ひっ》せり。君が法律を学ぶよりも画を学びたる方《ほう》、日本のためにも余程《よほど》益ならん、などとまで申し候故《ゆえ》、少しく画学を始めんかとも思ひ居《おり》候。固《もと》より好きの事故少しく勉強したらんには進歩致すべくと存《ぞん》じ候（『黒田清輝日記』第一巻）。

これがきっかけで黒田は画を学ぶことを決意、しばらくは法律学校に通いながら同い年の画学留学生久米桂一郎《くめけいいちろう》とともにラファエル・コランの画塾に入り、本格的に油絵にとりくむ。十月のことである。法律学校を退学し、画業に専念するようになったのは翌年からである。画家黒田清輝の誕生であった。しかし、公使館へ出向いて画家になる決心を告げると、原は、近頃は理屈の世の中でもあり、貴君にとって法律を学ぶ方が身のためであろう、絵が好きならば法学士の免状をとってからでも遅くはあるまい、と画業への転身を止めた。これを聴いた黒田は、官僚一般の世間なみの意見で感心できない、といって父に不満をもらす。自分が画家を志すのは、地位や金のためではないことを、どうして原はわかってくれないのか、とも歎いている（明治二十年十月二十一日付、『黒田清輝日記』第一巻）。国家の文明を形造るという覚悟において、原と黒田とは異質の精神を有していた。そのことが黒田をして、「同氏（原）などは全く反対の精神を有せらるる事のやうに相《あい》見へ候に付、無益と存じただ熟考すべき旨申し述へ置き引取り申候」との言葉を吐かせたのである。明治二十六年（一八九三）帰国後、黒田の手で西洋画学の本格的導入が図られ、日本に洋画文化の社会が築かれていくことは周知の通りである。

　黒田の例にもれず、原のつくった日本人会が、在留日本人たちの横のつながりを深め、西欧文明を日本へ伝える重要な役割を担ったことは確かである。

外交の話に戻ろう。

クリスチャン・原敬

日本人会の初会合を開いて五日後の明治十九年（一八八六）二月十二日、原は伊藤へ手紙を書く。内容は宗教論である。マーシャルが宗教自由の公許を勧める報告書を伊藤に送ったことに触れ、キリスト教に関する自らの見解を次のように述べる。

欧米各国に対しわが国の地位を進めるには、宗教の自由はもちろん大切な良策ではあるが、それだけでは充分とは言えない。なぜなら、ヨーロッパ各国における宗教の自由とは、要するにキリスト教内部でどの宗派を信仰するも自由だという意であり、わが国大多数の人民が相変らず「異教」を信仰していては、やはりヨーロッパ各国同等の地位につくことは難しいからである。したがって、わが国もキリスト教国になるよう考えたらいかがだろうか。その手初めとして、まず社会の上流にある者たちが、表面的にせよ、ヨーロッパのキリスト教国民のような品行を装うことが緊要だと思う（『伊藤博文関係文書』六）。

原は少年期の明治五年（一八七二）、東京のフランス人が営む神学校に入り受洗、ダビデという洗礼名を持つれっきとしたクリスチャンであった。フランス語を学ぶ方便だったといわれるが、そうではあるまい。キリスト教文明に普遍的な宗教的価値観を見出したに違いない。キリスト教の信仰生活から離れ、世俗に生きるようになってからも、原の文明観はキリスト教主義によって裏打ちされていたように思う。こうした文明観は、わが国初の外交官であった鮫島や森にも顕著に見られたものであり、クリスチャンではなかったが、外務卿の寺島や井上にも共通している。これらについてはすでに前に述べたとおりである。

伊藤も井上と同様、条約改正に必要な開明政策を推進するにはキリスト教の公許は不可欠だと考えていたから、原の意見には賛成であった。これから三年後に完成する明治憲法にも当然ながら信仰の自由は謳《うた》われていた。

原も、かつて鮫島がそうしたように、老マーシャルから国際外交の技術や戦略の手ほどきを受けたはずである。マーシャルもひどく原のことを気に入っていたようである。こうした原のキリスト教的文明観、普遍的宗教観は、以後の彼の政治外交理念を形造る上でも重要な要素となったと考えられ、大正初期に原が実現した国際協調政策へと繫《つな》がっていく。

条約改正会議

明治十九年（一八八六）五月一日、いよいよ各国合同の条約改正会議が東京で開かれた。議長は井上である。会議冒頭において、かねて用意した日本側の新条約案が示されたが、英国公使プランケットから修正要求が出された。とくに領事裁判権についてである。井上は迷った。このまま日本案を押し通すべきかどうか。

第三回目の会議の翌日、井上は伊藤あてに「条約改正意見書」を書く。それに言う。

本月一日改正会議を開くにあたりてや、本大臣は自己の職務を体し帝国政府に於てその裁判権の一部を挽回し実施するに関しては充分責任を負担する覚悟なりと確言したり、しかして往々会議を重ぬるに際し商議の情況によりもし全体の管轄《かんかつ》権を挽回《ばんかい》領収せざるべからざるに至らば、帝国政府果してこの責任を負担する確言するを得べきや否に至りては、あへて帝国内閣の決議を乞はざるべからず（五月二十九日付、『外交文書』第十九巻）。

法権の完全回復に値するだけの主権国家としての重責を、現在の日本政府が果して担えるのかどうか、という。井上にとってこれは国際的信義にかかわる重大な問題であったに違いない。したがって、法権については、まず「破潰《はかい》の端《たん》」を開くことが大事なのではないかという。結局はそれがわが国をして、「純然たる不羈《ふき》独立の地位」に至らしめるはずである。彼の主権認識が決して曖昧《あいまい》なものではなく、確固とした国際法理解に基づいたものであったことを示している。

ところが、六月十五日の第六回会議において、英国公使プランケットとドイツ公使ホルレーベンとの共同提案の形で、内地開放を条件に領事裁判権を廃止する旨の「裁判管轄条約案」が提出された。これは事前に井上と青木次官の合意を得ていた。しかも明治十五年（一八八二）の予備会議の時に提出された旧日本案に基づく内容で、明らかに日本にとっては後退を意味した。なぜ井上は英独に妥協したのか。おそらくドイツに対する過度の期待があったからだと考えられる。英独合案は、「泰西の主義」（Western Principles）に従った司法組織と法典の制定を要求するのみならず、できあがった組織章程並びに諸法典の内容を英訳し、事前に関係各国へ通知することを義務づけていた。しかも、各地裁判所に外国人裁判官を任用する混合裁判所方式を提案していた。

諸法典を「泰西の主義」に適合させるのは、国際的信義からもわが国の義務であると考える井上は、英訳文を関係諸国へ事前に通知することも義務の一部とみなし、法律の制定・施行については外国の干渉を一切排除する以上、主権侵害にはならないと判断した。彼の主権認識が曖昧《あいまい》なものでなかった点から考えて、ここで井上が英独両公使の力説した領事裁判権撤廃の一条に相当眩惑《げんわく》されたきらいはある。会議開催中、列国はそうした井上の弱みにつけ込んで勝手な主張を繰り返し、結果的に列国側のイニシアティブのもとで、会議は翌明治二十年（一八八七）四月二十二日、裁判管轄条約案を議了した。かつて鮫島や森が再三にわたってその不可を進言していた列国と日本の合同談判方式を採用したことは、やはり井上の

図27　ドイツ公使ホルレーベン

失策であったといえよう。

会議の動向は、逐次《ちくじ》パリの原のもとにも知らされた。フランスでは折からの不景気で急進共和派の勢いが増し、南部のドカズヴィル炭鉱では賃金の引き揚げを要求するストライキが起こるなどの不穏な動きがあった。原は騒擾《そうじょう》を煽動《せんどう》しているのは社会党や無政府主義者の一群だとにらんでいる。これにひきかえ、外交界は比較的平穏であった。

蜂須賀茂韶の帰国

明治十九年（一八八六）六月三十日には、公使館で蜂須賀公使夫妻主催の晩餐会と盛大な夜会が開かれ、フレシネ首相夫妻、陸軍大臣のブーランジェ将軍、マーシャル夫妻など百名余りの人々が出席した。夜会にはコメディー・フランセーズの男優女優が招かれ演劇を披露するなどいつになく盛会であった。それは、蜂須賀の帰国挨拶をかねた送別の宴《うたげ》でもあったからである。蜂須賀が家族同伴でパリをあとにしたのは七月二十四日である。このため、原が臨時代理公使として、しばらく公務をとり仕切ることとなった。住まいを公使館内に移したのが二十五日、その三日後、マーシャルから奉職十五年を記念する晩餐に招待された。

原の日記から。

公使館雇（名誉参事官）英人マルシャル奉職十五年なりとて余等を晩餐に招く。余等よりも祝物を送れり。同人はもとテレグラフ新聞通信員にて鮫島公使以来公使館に雇はれ居たるなり。蜂須賀と不和にて時に談話を交《まじ》へざる事もありたりと云ふ（『原敬日記』）。

マーシャルが公館の経費節約のためと称して、公使館を解雇されたのは、これから二年後の明治二十一年六月三十日のこと。一時金として月給三ヵ月分六千フランを支給され、翌月から多年の労に報いる意味で年額千五百円の終身年金が与えられた。そのことをマーシャルに直接伝えたのは原である。

蜂須賀が帰国したことで、原とマーシャルの関係はさらに親密となり、彼のおかげで原の外交活動は一段と精彩をはなつようになる。

巡洋艦・畝傍

明治十九年（一八八六）九月二日、日本海軍が建造を依頼していた新鋭巡洋艦「畝傍《うねび》」の試運転に立ち合うため、原がルアーヴルに行った時のことである。軍港知事を務める海軍提督プティ・トゥアール、その他フランス海軍士官数名と艦内でともに昼食をとることになった。プティ・トゥアールは維新外交時に、新政権が大いに難儀をした堺事件で、フランス側関係者として活躍したあのデュプレクス号の艦長である。

プティ・トゥアールは、日本に行った当時はまだ大尉であったと、なつかしそうに話したあと、ロシアの対馬占領事件でも、英国海軍と協力して撤退させるのに成功したことな

図28　原敬と妻貞子（『原敬日記』乾元社，1950年より転載）

ど、維新外交の体験談を実に楽し気に原に語って聞かせた。堺事件のフランス側当事者との思わぬ出遭いは、黎明期の日本外交を知る上で原にとっても貴重な体験であったに違いない。

ちなみに、畝傍はこの時の試運転で十八ノットという最速力を出すことに成功、十月には日本へ向けルアーヴルを出航したが、回航中の十二月三日、シンガポールを出航後に突然消息を絶ち、杳《よう》として行方は知れなかった。この事件は海のミステリーとして、今でも時おりメディアをにぎわすことがある。

畝傍艦の行方不明を原が知らされたのは、年明けの明治二十年一月五日であったが、この頃彼は年初から海軍大臣西郷従道《さいごうつぐみち》、農商務大臣谷干城《たにたてき》、内閣顧問黒田清隆《くろだきよたか》など政府要人の相つぐ来欧で、その接待と関係機関との折衝で忙殺されていた。さらに二月八日には妻貞子がマルセイユに着き、その出迎えに行くが、同行者の中にはコンドルの弟子で皇居技師片山東熊《かたやまとうくま》がいた。片山はのちに赤坂離宮の設計者として有名になる。片山は新築中の皇居装飾関係を調査するために渡欧したのだが、日本では井上が主導する都市計画が着々と進んでいた。

鹿鳴館の終幕

明治二十年（一八八七）五月にはヘルマン・エンデがドイツから来日し、技術者のホープレヒトとともに具体的な官庁配置計画に着手、日比谷練兵場を中心に官庁街を造ることにした。だが、起工直前になって、井上の条約改正が思わぬ方向をたどり計画は中止、ベックマンもエンデも翌年十二月の契約満了とともに解雇された。井上の壮大な東京帝都計画は水泡に帰す。それは鹿鳴館の終幕でもあった。

条約改正の思わぬ方向、とは改正反対の世論の嵐が巻き起ったことである。反対の火の手は、まず政府内部からあがった。

政府の法律顧問ボアソナードは、「裁判権ノ条約草稿ニ関スル意見」を六月一日に提出、国庫の負担からも外国人裁判官の任用は弊害が大きく、法律の制定に列国の承認を求めるのは明らかに立法権の侵害にあたり、これを知った国民の不満は大いに高まる恐れがある。これは、日本の威厳を損なうばかりか日本独立の安危にもかかわることであり、草案を廃棄する以外に方法はない、と批判する。

一方、ヨーロッパから帰国したばかりの農商務大臣谷干城も七月三日、長文の反対意見書を出す、曰《いわ》く、泰西主義に基づく法の制定は「外人の歓心」を買おうとするもので、わが国独立の精神を捨てたにほかならない。国法とは自国人民の安寧《あんねい》幸福を増進するために作るものであって外人のために作るものではない。欧米を視察してわかったことは、外交は秘密主義ではなく公議世論に基づかねば実効はあがらないということである。したがって、条約改正は、明治二十三年（一八九〇）の国会開設を待って実行に移すのが適当である、と主張した。

条約改正を成功させるには、専制の弊《へい》が改められ、国民の権利が拡張され、真の立憲政治が実現されねば不可能だとして、谷は同二十六日、ついに大臣を辞任した。谷の反対意見はボアソナードの意見とともに民間に伝えられ、世論の反対を盛り上げた。前年十月に紀州沖で起った英国船ノルマントン号の海難事故も、反対運動に火をつける形となった。日本人乗客二十三名をのせたノルマントン号が神戸へ向かう途中、暴風雨のために紀州沖で難破、乗組員は全員救助されたにもかかわらず日本人乗客はすべて溺死した。神戸の英国領事裁判で船長が無罪になったのを知ると世論は激昂した。政府は直ちに告訴、領事裁判所は船長を三ヵ月の禁錮に処したが、死者への賠償はなかった。領事裁判の弊害は明らかであった。日本人遭難者を悼《いた》む歌が作られ、一年後には芝居まで作られて全国を興行した。しだいに高まりを見せる国民の反対運動を前に、伊藤は条約改正の中止を決定、これを承《う》けて井上は、七月十六日、第二十七回会議の席上、裁判管轄条約案修正のため、本会議を十二月一日まで延期するとの声明を行なった。ついで二十九日、列国公使に対し、法典編纂の完成まで無期延期すると通告した。

世論の圧力で井上の条約改正は失敗した。大惨敗であった。だが、井上の信念そのものは変わらなかった。七月九日に内閣へ提出した長文の意見書に、それは明白に表われている。

辞任する井上

ここで井上は、アジアをめぐる国際情勢から説き起し、その中で日本がいかにして主権国家としてその独立を維持すべきかを述べる。欧米列強の植民政略に対抗できる力を持つのはただ日清両国のみである。この危機的情況をどのようにして乗り切るのか。それはこうである。

これに処するの道ただ我帝国および人民を化してあたかも欧州邦国の如く、あたかも欧州人民の如くならしむるに在るのみ、すなわちこれを切言すれば欧州的一新帝国を東洋の表に造出するに在るのみと、それ一国人民はその分子たる各国人民がまず勇敢活発の人民となるにあらざるよりは、独りその強大を致すことあたわず、すなわち日本人民の自治の制と活発の行動とは日本国民の強大を致し、日本政府の強盛を致すに於て万《ばん》欠くべからざるものとす（『外交文書』第二十巻）。

国家と国民の文明化だという。自立の精神が「勇敢活発」の国民を造り、国家を強くする。そうした国民を造るには、人民が絶えず西欧諸国民と「触撃《しょくげき》」し、自らその不便不利を感じとって、「泰西活発の知識」を進んで身につけるように仕向けるほかない。こうした知識と気性が国民に具《そな》わるようになれば、わが国も文明化されたと言うべきであろう。だからこそ、内地開放を行い「内外人の往来交通」を自由にし、「泰西有為の人民」と積極的に交際する必要があるのである。したがって、内地開放を実施するには、国際的信義の上からも、領事裁判権の撤廃はぜひとも必要であり、そのための条約改正ではないのか。国家の独立確保、自立的国民の創出こそ、西欧帝国主義の世界で日本が生き残る唯一の道である。井上はそのように考えていたのである。

パリの原敬が、条約改正会議の無期延期の知らせを井上から得たのは八月一日であった。日記に「決して退歩の意味にあらざる旨《むね》、井上外務大臣の来電を得たり」とあるから、井上にも期するところがあったに違いない。だが、自ら辞職を願い出る以外に道はない、と観念した井上は、「日々相過ぎるに応じ、当時の奉職は内外え対しすでに面目幷《ならびに》信用を失し候次第に候間、篤《とく》と御熟考伏《ふし》て願い奉り候」（八月三日付）と伊藤に申し送る一方で、野に下って地方を巡遊し、人民へ向けて演説をなしてその迷夢を覚まさせる好機会だ、と開き直る（九月五日付）。

大隈の外相就任

反対運動を鎮静化させるため、伊藤は自由民権派から期待をかけられていた立憲改進党の党首大隈重信《おおくましげのぶ》を後任の外相に据えようと画策する。

手応えを得た伊藤は九月十七日、井上を解任し、大隈就任の予定でとりあえず自ら外相を兼任した。しかし、反対運動は収まるどころか、ますます激しさを加え、秋には言論・集会の自由、地租軽減、外交の挽回を求めた三大事件の建白運動へと発展していく。

井上の思い描いた西欧的開明主義——鹿鳴館主義と言ってよいかも知れない——が、自由民権の形をとって自立的国民の形成へと向かわざるを得なかったことは、自由民権運動が条約改正を挫折させた当の相手であっただけに、皮肉なめぐり合わせというほかないであろう。

原の臨時代理解任

パリでも、もと陸軍大臣のブーランジェ将軍を中心とする反議会主義的な政治運動が起っており、共和制は危機に瀕していた。いわゆるブーランジェ事件である。こうしたさ中の十月五日、新任の公使田中不二麿《たなかふじまろ》がイタリアから転任してくる。原敬は臨時代理を解かれた。

時間的に余裕のできた原敬は、公務の余暇を利用して政治学院（École des Sciences Politiques）に通い国際公法の勉強を始める。十一月十八日であった。パリでは語学や外交学に傾注し、外交のスペシャリストをめざす、という井上との約束を果したかったのである。

明治二十一年（一八八八）二月三日、原は、マルソー通りの公使館から一ブロック東へ下ったガリレー街六十三番地（63 Rue Gallilée）にあるアパルトマンの一室へ引越す。家具付で比較的安かったらしい。その前日、大隈の外務大臣就任を告げた電信を受け取る。原は報知新聞の記者時代に福沢派からほされて以来、あまり良い思い出がなく、大隈派とはそりが合わなかった。大隈外相と距離をおくようになるのも、多少強引ともいえる大隈の政治姿勢を原が嫌ったからであろう。

大隈の外交政策

井上の失敗を鑑みて、大隈は十一月二十六日から国別談判の方式で条約改正の交渉を始める。大隈案では次のように改められた。基本的に裁判権条約と通商条約とを一本化して和親通商条約とすること。条約実施の五年後に領事裁判権を撤廃、条文上は対等主義を原則とし、法権回復の代償として内地開放を実施、大審院に外国人判事を任用、条約実施から二年以内に諸法典を改正公布、ただし法典の制定については条約文に謳わず通知のみにとどめること。以上である。

井上案と比べて、領事裁判権の存続期間短縮、外国人判事の任用制限、泰西主義による法律制定通告の義務削除、などの点で確かに進歩の跡が見られた。また、欧米列国とは別に交渉を進めていたメキシコとの間に、十一月三十日、完全対等の形で日墨《にちぼく》修好通商条約を結ぶ。自信を深めた大隈は米国との直接交渉を早期に推し進め、翌二十二年二月二十日、ほぼ日本案を修正することなく日米和親通商航海条約の調印に成功した。時の駐米公使はのちに原とも深い関係を持つことになる陸奥《むつ》宗光《むねみつ》である。

新しい条約交渉方針について大隈から、ヨーロッパ各国に駐在するわが国公使あてに訓令が発せられたのは、明治二十二年（一八八九）一月七日であった。公使館にその訓令が届く前、前年の十一月十四日、マーシャルが娘を連れて原のもとを訪ねた。近いうちにロンドンに移るので挨拶に来たという。六月三十日に永年勤めた公使館を辞めて以来、マーシャルのことをずっと気にかけていた原にとって、それはきわめて感慨深い出来事であった。パリの公使館はマーシャルが居たことで、ヨーロッパ外交情報の牙城《がじょう》のような存在であった。彼が去ったことで旧《ふる》い外交スタイルが姿を消し、日本の公使館にも新しい外交スタイルが登場するに違いない、というある予感が、一抹の寂しさとともに原の胸のうちを横切ったに違いない。

その原にも帰朝命令が届いた。明治二十一年（一八八八）の大晦日であった。辞令の日付は十一月十九日になっていた。後任は大山綱介《おおやまつなすけ》である。大山はのちにイタリア公使となり、妻久子が作曲家プッチーニに

図29　大山綱介（石黒敬章氏所蔵）

日本の歌を教えたことで知られる。原より四歳ほど年長であった。帰国する前に、マーシャルに会っておきたいと思った原は、二月一日から十日間ほど英国を旅した際に、彼が隠《いん》棲《せい》していた英仏海峡を望む港町ブライトンを訪ねようとした。しかし、時間がなかった。原は記す。「マルシャル目下ブライトン（Brighton）に住居せり、訪問の考もありしが日時なきに因《よ》り書状を送り近情を尋ねたり」。原には心残りであったであろう。その後原と再び相見《あいまみ》えることなく、マーシャルは一九〇五年五月十一日、ブライトンで八十一年の生涯を閉じた。

原がパリに戻った翌日の十一日、大日本帝国憲法の発布を祝う夜会が、在留邦人を招いて公使館で開かれた。会の真っ最中に、「人民歓呼の中に憲法発布式を行はせられたる旨《むね》」の電報が届き、早速来会者たちに読み上げられた。「人民歓呼」の声とは裏腹に、それは強力な天皇の大権を中心に、国民の権利を甚だしく制限したものであった。外国との交戦権、条約締結権などの外交大権も天皇独裁権に含まれ、国会審議の必要はなかった。そのことが秘密外交の助長を促す。しかし、国民は歓喜の声に酔いしれ、立憲制確立のかけ声に励まされた。欧米列強と並び日本が近代的な立憲国家となったことは確かであった。自分がこの立憲国家を育て上げる中心人物となることなど、若い外交官原が知るよしもなかった。だが足かけ四年におよぶフランスでの外交官生活が、原にとってかけがえのない政治的実りを与えたことは言うまでもない。原の貴重な体験の中から、日本の新しい外交スタイルものちに生み出されていく。

帰国する原

大山綱介の来着を待って、原敬が妻の貞子とともにパリを発ったのは、二月二十二日の夜であった。二十四日、マルセイユから乗船し、四月六日早朝神戸に着く。船が洋上にいた三月、原は「婦人洋服の説」と題し、日本の欧化主義を批判する一文を書く。俄《にわ》かづくりの日本女性の洋装に原は警鐘を鳴らす。原の批判は次の点にある。

外国交際が始まり、内地雑居となるからといって洋服でなければ体裁が悪いという理屈は成り立たない。かえって日本人が洋服を着る方が不体裁である。とくに小柄な日本女性が洋服を着れば、むしろ美しさが消えて「始終西洋婦人の下に立つ心地」がする。すなわち洋装は益なく贅沢《ぜいたく》を増す原因ともなる。「束髪《そくはつ》及ひ舞踏の流行も洋服の流行と盛衰を共にして、今は少しく衰へたりと聞けり。誠に喜ばしきことなり」と厳しく断じたあと、舞踏会も日本人にとって衛生的にも交際上も益なく、かえって恐るべき弊害を生じさせると言う。そして結論として曰《いわ》く。

すべて社会のことは器械の如く看《み》るべからず。器械ならは与へられたる発動によりて無心に動くべけれども、社会のことは俄《にわ》かに動かせば目的の外に奔馳《ほんち》して不測の禍害《かがい》

ら
を醸《かも》すべし。世に社会の風習を改むるほど難しきものなきなり。しかるに改良とやらん熱を与へて急遽《きゅうきょ》の変化を求むるは識者の最も恐るる処なり（『原敬関係文書』第五巻）。

社会改良の漸進主義を説いたのである。井上らの進める急進的な欧化政策を、西欧風俗の中心地パリに四年も暮らした原が、真向から批判している。政治的にも外交的にも協調主義者となる後年の原の原点を見た思いがする。

外務省へ出頭し帰朝報告をすませた一週間後の四月二十七日、原は農商務省参事官へ転じた。農商務大臣となっていた井上の引きによる。いやが上にも原は政治の渦へと巻き込まれていく。

大隈の条約改正は成功するかに見えた。ドイツ、ロシア、そして英国と新条約調印へ向けて準備を進めていたさ中、交渉は思わぬ障害にぶつかる。新条約案における外国人判事の任用が、制定されたばかりの憲法に違反すると判断されたからである。しかも、英国の『タイムズ』社説で紹介された新条約の概要が、新聞『日本』に掲載されると、大隈案も井上案と同じく国権を甚しく侵害しているとして、大隈攻撃で世論はわき立った。

このため十月十一日、枢密院議長の伊藤が辞職に追い込まれ、十八日には大隈が国粋主義玄洋社員の来島恒喜《きじまつねき》に爆弾を投げつけられ重傷を負った。黒田内閣はやむなく交渉中止を決定、二十四日、首相黒田清隆も辞表を提出した。世論を無視した外交はもはや不可能となった。

条約改正から帝国主義への道

後継首班に指名された内務大臣の山県有朋《やまがたありとも》が就任を断ったため、十月二十五日、やむなく内大臣三条実美が臨時に首相を兼任した。外相代理は次官の青木周蔵である。青木は、九月以降、山口に閑居《かんきょ》して辞意を表明していた農商務大臣井上馨に上京を促す。井上は世論の動向を顧みずに、条約改正の交渉をこれ以上続けることは無理と判断し、伊藤ともどもたびたび大隈にも提言してきた。今回の失敗は自分にも責任の一端がある。井上は伊藤にあてて告白している。近ごろ政治熱が非常に高まり、このまま放っておくのか、圧力をもって抑えるかの瀬戸際にあるが、お互いに維新前から率先して文明を誘導してきた責任がある。その結果どうなったか。

ついにシヒレジエーション誘入したる結果は国を衰弱無秩序の地に墜落《ついらく》せしむるに至り候て、後世に向ひ徳義上また責任上においても恥辱《ちじょく》のもっとも甚しき事と実に懸念に堪へず候（明治二十一年十二月十六日付、『伊藤博文関係文書』一）。

すなわち、自立的国民を育成する目的で、自分たちが導入してきた西欧文明が、かえって国家を疲弊させ無秩序の状態に陥れてしまった道義的責任がある、というのである。政治的な理由よりも、むしろ国家を窮地に追い込んでしまったという道義的な自責の念に駆られて、井上はこの時上京を決意したのではないだろうか。山口湯田温泉の松田屋に滞在していた井上が、下関から船で神戸へ向かったのは、明治二十二年十一月一日である。神戸で伊藤と会って山県を首相に就かせる算段を話し合い、いったん下関に戻ってから十二日にようやく上京の途につく。東京に着いたのは十九日である。井上は、すぐに枢密院書記官長の伊東巳代治《いとうみよじ》や外務省顧問のデニソン、それに青木らと相談して、今後の条約改正交渉に関する基本方針をまとめると、草案として内閣へ提出した。「将来外交の政略」といわれる。

「政略」で井上は、現在調印済の条約も含めて、すべての条約を「平等完全」の形に改めねばならないとした上で、批准を拒否する理由に、外国人の大審院判事への任用は憲法違反であること、内地開放後五年間にわたる領事裁判の継続は平等主義に反すること、外人の不動産所有は領事裁判の撤廃後に許すべきこと、など六項目をあげ、大隈条約案を真向から否定した。この「政略」案は、政府の外交方針として明治二十二年（一八八九）十二月十日の閣議で正式決定された。

議会開設後の明治二十四年（一八九一）八月、自ら起草した「条約改正ニ関スル意見」でも井上は、立憲制度と領事裁判とは決して併存両立せずとし、外国人の意向に従って法律を制定するなど独立国家としてあるまじき行為であり、主権国家が持つべき「固有不可疑ノ権利」を根拠に条約廃棄権を執行して、直ちに現行条約を廃棄すべきである、と重ねて条約廃棄論を主張している。自分の改正交渉失敗の反省を充分に踏まえての発言であった。

十二月十日の閣議決定を不満とした大隈外相は十四日、辞表を提出、後任には青木次官が昇格した。結果、三条内閣は総辞職し、二十四日に第一次山県有朋内閣が成立する。以前からの希望をようやく受け容れてもらった井上はその前日の二十三日に農商相を辞任、後任にこれも次官の岩村通俊《いわむらみちとし》が昇格したが、翌年五月の内閣改造で陸奥宗光が駐米公使から栄転した。半年後に開かれる国会対策を睨んでの人事である。陸奥はもともと自由党など民党との結びつきが強く、天皇は彼の入閣に反対であった。

明治二十三年（一八九〇）七月一日に実施された第一回総選挙で反政府系民党は、「民力休養」、「地租軽減」をスローガンに掲げて圧勝した。十一月二十九日に第一回の帝国議会が開かれると、十二月六日の施政方針演説で首相山県有朋は、「国家独立自衛」のためには「主権線」を守るだけでは不十分であり、必ず「利益線」を保護しなければならないと主張、軍備の拡張を訴えて政費節減を要求する民党勢力と対立した。「利益線」とは、わが国領土の安全と密接な関係をもつ地域を言うが、具体的には朝鮮半島を指す。

以後条約改正は、アジアにおける英国とロシアの対立を横目で睨みながら、この山県の帝国主義的な政策路線にそって進む。引き続き外相に留任した青木は先の閣議決定方針に基づき交渉に臨むが、英国との交渉妥結を目前にひかえた明治二十四年（一八九一）五月十一日、来遊中のロシア皇太子（のちのニコライ二世）が警護の巡査に襲われて負傷（大津事件）、その責《せめ》を負って図らずも辞職した。代わって策士的外交家の榎本武揚が外相に就任、時の松方正義内閣の政策にそって、軍備を背景に青木案を修正しつつ、やはり条約廃棄の方針で改正交渉にあたった。だが、政府の露骨な選挙干渉も効き目なく、第二回の総選挙でも民党は勝利を博し、ついに松方内閣を総辞職に追い込む。

明治二十五年（一八九二）八月、第二次伊藤博文内閣が成立すると、伊藤は民党側に人気のある陸奥宗光を外相に起用し、全力投球で条約改正に取り組ませた。伊藤の巧みな戦術もあって自由党の抱き込みに成功した政府は、彼らに軍備拡張を認めさせて準与党化する。陸奥の力もあった。一方、立憲改進党を中心とする野党側は、対外的な強硬意見を唱え連携して政府に迫った。彼らを対外硬《たいがいこう》六派という。彼らの主張は、現行条約を維持することで外人に不便を悟らせ改正を促進させる（条約励行《れいこう》論）一方で、外人に対する内地の開放と自由な経済活動には反対する（非内地雑居論）というものであった。

政府と野党の対立は民間にも影響を及ぼす。明治二十六年（一八九三）九月、かつて士族反乱を企てたかどで鎮圧された熊本神風連《しんぷうれん》の残党が、外人排斥を叫んで東京へ同志を送り込み、十二月には東京の英国公使館付牧師ショウが泥酔した民党壮士に襲われるなど、世間は不穏な空気に包まれた。条約励行、非内地雑居のかけ声は、いつの間にか排外主義の運動へと変わりつつあった。

再び攘夷の悪夢が蘇《よみがえ》る。排外運動が本格化すれば、陸奥が進めている英国との条約改正に悪影響を及ぼしかねない。開国主義者である陸奥の面目にかけても、対外硬派の連中を封じ込めねばならない。十二月二十九日の衆議院議場で、陸奥は大演説をぶった。野党が提出した条約励行の建議案は、「鎖国的意向を持つ者の曲解《きょくかい》」以外の何ものでもない。外国と事を構えるのは、維新以来の開国主義の国是に反するものである、と。

そして、翌明治二十七年（一八九四）三月二十七日、英国の青木公使にあてて、陸奥は次のように書く。

内国の形勢は日一日と切迫し、政府において何か人目《ひとめ》を驚かすほどの事業をなすにあらざれば、この騒々しき人心を鎮静すべからず。さりとて故《ゆえ》なき戦争を起す訳にも参らず候こと故、唯一の目当《めあて》は条約改正の一事なり（小松緑『明治外交秘話』）。

陸奥の言う「人目を驚かす事業」が日本を揺るがしたのは、それからわずか四ヵ月後のことである。

明治二十七年七月十六日、陸奥外相は、国民悲願でもあった領事裁判権の完全廃止を定めた日英通商航海条約の調印に成功する。条約の実施は五年後、領事裁判権の撤廃と同時に内地も外人へ開放され、居住、経済活動の自由が許されることとなった。

条約改正が実現できたのはなぜか。それは東アジアをめぐる国際情勢が大きく変化し、日本の国家体制も西欧列強が認めるだけ充分整い始めたからでもあった。だが同時にそれは、日本が清国と帝国主義戦争へと突入する前提条件であった。戦争と外交を国際関係の中でどのように調整していくべきか。外交指導者には優れた判断能力が要求される。陸奥外相が採った方針は、東アジアにおける英露の対立を利用し、日本の開戦理由は朝鮮の内政改革にあり、あくまでロシアの朝鮮進出を未然に防ぐためである、と英国に納得させることであった。開戦外交という言葉もここに生まれる。日本が提案した日清共同による朝鮮内政改革を清国側が拒絶した時点で、開戦外交の効力が発揮される。日英通商航海条約が調印された翌十七日、日本は開戦を決定した。七月二十五日、豊島沖《ほうとうおき》の海戦をきっかけに、日清戦争が始まった。

開戦外交があれば、終戦外交も登場する。これまでの日本外交とは異なり、帝国主義時代を生き抜くための新しいタイプの外交官、すなわち職業外交官《キャリア・ディプロマット》の養成が緊急に求められるようになる。日清開戦直前の明治二十六年（一八九三）十月三十一日、新しい外務省官制が公布された。明治十九年（一八八六）以来の大がかりな改正であった。その第一条で、これまで外務大臣は、「交際官および領事を監督す」となっていたものが、「外交官および領事官を監督す」と改められ、「外交官」の言葉が正式に日本外交史上に登場することになった。これにともない「外交官及領事官官制」が定められ、試験による任用制度が始まる。いわゆる外交官試験である。制度作成にあたったのは、当時外務省通商局長の職にあった原敬であり、政務局長栗野《くりの》慎一郎《しんいちろう》もこれを助けた。

「外交官領事官制度」の総論で原は次のように語る。

いかなる政事家にして外交の局に当るも、外交官領事官にその人を得ずして、その政略を成功し得んことは望なかるべし。……そもそも外交官領事官の職務は一種の技術と云ふべきものにして、素養なき者は到底その職に耐ふるものにあらず（『原敬全集』上巻）。

大正三年（一九一四）、原が立憲政友会総裁となり、さらに同七年（一九一八）、首相に就任して一国の政治指導者となった時、平民宰相のニックネームを与えられた原は、その言葉どおり世論の動勢に注意を払い、「公開外交」に心を用いた。背景には自らの外交官としての体験と、国際交渉における職業外交官の役割を重視する姿勢があったからだといわれる。第一次世界大戦後、「大正デモクラシー」のかけ声とともに、明治の鹿鳴館文化につづく、第二の新文明が日本の社会を席巻《せっけん》し始めると、日本の外交も、米国という民主主義の新興国を相手に、新しい平和的協調外交への道を歩もうとする。その外交の主役は、原ではなく、原自身の手で駐米大使に抜擢された四十七歳の気鋭の外交官幣原《しではら》喜重郎《きじゅうろう》であった。すでに四年近くも外務次官を務めたベテラン外交官であったが、原はその日記に「対米問題多き今日、速かにその人を要したるによる」(大正八年九月十一日の項)と、幣原に期待を込めた言葉を書き誌した。戦争ではなく、平和への道筋を描こうとした外交官の歴史に、また新たな一ページがつけ加えられようとしていたのである。

戦争と平和——エピローグ

非戦論者であった白樺派の作家武者小路実篤《むしやのこうじさねあつ》は、第一次世界大戦を「他国に攻め込むのはい丶こととは思へない。他国に攻め込んでおいて、厚意《こうい》をもたれようとするのは虫がい丶」（『へんな原稿』）と評して批判した。無限の人間性を肯定する白樺派の人道主義は、大正デモクラシーを謳歌《おうか》する若者たちの心を捉《とら》え、厭戦《えんせん》気分を煽《あお》った。

武者小路がこの文章を発表して五年後の大正十三年（一九二四）六月十二日、外務大臣に就任したての幣原喜重郎《しではらきじゅうろう》は、外国人記者とのインタヴューでこう答えている。

人種、宗教、言語を異にする人間同志（ママ）の間に存する人間性の相違点よりも、寧《むし》ろ無限の相似点《そうじてん》があることを確信するが、往々にして皮相《ひそう》の相違を誇張する者がある為《た》め、相互の行き違ひを生ずるのである。……世界はしだいに国際間の親善と一致を必要視するに至り、他人の正当なる利害を無視して自分勝手の政策を採るのは時代遅れで、相互に生存して行かうといふ原則が、今や遥《はる》かに有勢な認識を得て来つつある（『幣原喜重郎』）。

幣原は、原が苦心して作った外交官領事官試験の正式合格者では初めての外務大臣であった。駐米大使時代も進歩的外交官、平和主義者としての評判が高く、ワシントン体制を維持しつつ国際協調外交を身をもって推し進めようとしていた。彼の言葉にあるように、他国の利害を無視して、身勝手な国益を追求する外交は、まさに「時代遅れ」となっていた。武者小路の言葉を借りれば「虫がいい」のである。

第一次世界大戦の結末をつけるため、大正八年（一九一九）一月にフランスで開かれたパリ平和会議において、日本は外交の「旧《ふる》さ」を露呈した。自国の権益だけは賢く要求するが、国際的な問題には消極的な態度を見せ、欧米諸国の顰蹙《ひんしゅく》を買った。二年後のワシントン会議では全権委員で駐米大使の幣原が、あざやかな外交手腕を発揮して、欧米諸国の信頼を回復することに成功した。国際協調外交、軍縮外交の始まりであった。

明治の外交は、日本から攘夷鎖国の精神を取り除く努力から始まった。欧米列強と肩を並べるため、西欧文明に追いつけ、追い越せの一念で、攘夷から開国へ、野蛮から文明へと大転換を遂げようと努力を重ねた。血の滲《にじ》むような努力の結果、不平等条約の桎梏《しっこく》から解放された日本は、日清戦争に勝利を収め、さらに日露戦争で世界列強の列に加わり、国際社会が認める一等国となった。欧米列強の間では、日本との大使交換が話題に上るようになった。列強側でも日本が大使を派遣すべき大国の地位にあることを認めたのである。明治三十八年（一九〇五）十二月二日に、英国公使館が大使館へ昇格したのを皮切りに、明治三十九年から四十一年にかけて、米国・ドイツ・フランス・イタリア・オーストリア・ロシアの各公使館が順次大使館へと昇格していく。

明治三十九年（一九〇六）一月二十九日、初代の駐仏大使に任命された栗野慎一郎《くりのしんいちろう》に対し、本野一郎《もとのいちろう》公使から大使館にふさわしい建物を購入すべきとの意見書が届いた。そこには、「当国大使館創設に付ては、他諸国における如き現在の建物をそのまま我慢して使用するとは大に趣を異にし、三十余年来住《すま》ひ来《きた》りたる家屋より移転の必要に迫り居ることは最も念頭に置かざるべからざる儀と存候」（一月十八日付）と記されてあった。初代駐仏公使鮫島尚信《さめしまなおのぶ》がかつて苦心して手に入れたマルソー通り七十五番地の建物は、老朽化が目立ち一等国日本の大使館としてはあまりに見すぼらしいと言うのである。外務省もこの意見にしたがうことにした。

七月中旬、パリに到着した栗野は、早速物件を探し、八月にはオッシュ通り七番地に建つ宏壮な建物を手に入れることに成功した。外務省はパリ大使館を飾り立てるのに金に厭《いと》目《め》をつけなかった。三越百貨店に依頼して、内装には純日本式の意匠を凝《こ》らし、家具調度類はロンドンから最高級品を調達するという気の入れようで、パリの各国大公使館中、壮麗第一と称せられ、さすがのパリッ子たちの目を驚かせた。ここにも日本人における野蛮と文明の履《は》き違《ちが》えが見られる。鮫島も草葉の陰でさぞ苦笑していることであろう。

大正三年（一九一四）、第一次世界大戦が勃発すると、西欧諸国から頼りにされた日本は、堂々たる世界の大国として振る舞い、しだいに増長するようになった。とくに中国に対する覇道《はどう》的外交は列強の反撥を招き、国際社会から孤立化していく。これも野蛮と文明の履き違えにほかならなかった。国際協調と共存共栄による平和外交をめざした幣原の苦《く》渋《じゅう》もそこにあった。

寺島宗則《てらしまむねのり》、鮫島尚信を端緒《たんちょ》に、井上馨、森有礼《もりありのり》らを中継ぎとして、原敬から幣原喜重郎へと継承された平和主義外交は、間もなく軍部の「野蛮」によって粉微塵に打ち砕かれる。第二次世界大戦で初めて敗戦を経験した日本は、戦争を放棄して平和国家、経済大国への道を歩んできた。戦後六十四年を経て、われわれ日本人が、極端に人間性を損うような文明を、「野蛮」と見なす批判的精神を堅持することで、国家間の争いや人間同士の身勝手な競い合いを抑制し、平和で豊かな真の文明を世界に築くことも、あるいは可能なのではないだろうか。

あとがき

明治の外交を代表する人物は誰かと問われれば、陸奥宗光や小村寿太郎の名をあげる人が多いであろう。陸奥外交や小村外交の名称で人口に膾炙《かいしや》しているばかりでなく、明治国家を完成させるきっかけを作った日清・日露の帝国主義戦争を勝利に導いた名外交家として記憶されているからである。彼らのドラマティックな外交的駆け引きは小説にもたびたび取り上げられる。確かにそれだけの要素をもっているし面白いのである。しかし、彼らは正確には明治の外交がほぼ確立したあとに活躍した人たちである。黎明《れいめい》期の日本外交の生みの苦しみを知らない外交官と言ってよいかも知れない。

では明治外交の形成期とはいったいいつ頃までを指すのか。霞ヶ関に外務省の新庁舎が完成し、外務卿井上馨による第一次の省内改組が終わり、政治的には国会開設の詔書が発せられた明治十四年（一八八一）を一応の転換期とみてよいであろう。いわゆる日本における「旧外交」の成立期である。「旧外交」とは、十八世紀のヨーロッパ国際社会で成立した古典外交の様式を指しており、秘密外交と専門外交官の才覚に依存していた。高坂正《こうさかまさ》堯《たか》はその「古典」の意味について次のように述べる。

近代ヨーロッパの国際関係は、同質の文化を持つものがいくつかの国に分れ、抗争し、交流するところのものであった。その交際の作法は貴族社会のそれであり、また多くの場合、貴族が交際を担当していた。しかも、各国は相当の自立性を持っていた（『古典外交の成熟と崩壊』）。

高坂の言う「同質性、貴族性、自立性」のいずれにおいても日本はヨーロッパとは異っており、その問題を克服しなければ近代国際社会に受け容れてもらえなかった。そのため、明治外交を担った人々は、ヨーロッパと同質の文化を移入し、貴族的な交際作法を研究し、国家的自立への道を自ら努力して探らねばならなかった。その努力は並大抵ではなかったはずである。黎明《れいめい》期の日本の外交官たちは職業外交官としての訓練を受けていなかったため、道徳的にも技術的にも理想的な外交官をめざして日夜勉学に励まねばならなかった。

幸運にも、ヨーロッパ諸国において外務省が制度的に確立し拡大して行くのは一八七〇年代であった（細谷雄一『外交』）。黎明期の外交担当者は、外政機構を整備するだけでなく、ヨーロッパなみの外交官養成に努めた。彼らは語学、外交理論、外交慣行を積極的に学び、外交技術に磨きをかけた。そのひとりである鮫島尚信は、その洗練された外交感覚と豊かな教養とによりヨーロッパ外交界から称賛された。日本初の外交入門書も作った。公開外交と多国間交渉を基本に据えた「新外交」が国際社会に登場するのは第一次世界大戦末期といわれるが、日本外交はその時点で「旧外交」の完成期を迎えようとしていた。「旧外交」から「新外交」への転換を見事にやってのけたのが、国際外交に練達した原敬であった。

本書では、鮫島尚信から原敬にいたる黎明期日本の外交人脈を追いながら、「旧外交」が成立から爛熟《らんじゅく》の時代を経て完成へと向かう明治外交の軌跡を描いたつもりである。筆者の力量不足で描き切れなかった点も多々あるが、陸奥外交や小村外交とは異なる明治外交史のダイナミズムを読み取って頂ければ幸いである。読者の方々の忌憚ない御意見と御批判を賜りたい。

最後になるが、原稿完成までの長い間、辛抱強くお待ち頂き、多くの御助言を頂いた編集第二部の永田伸氏にはたいへんお世話になった。心からお礼を申し上げる。

平成二十一年六月

犬塚孝明

参考文献（本文で明記したものは除く）

磯田光一『鹿鳴館の系譜――近代日本文芸史誌――』（文藝春秋、一九八三年）

井上　勲『文明開化』（教育社、一九八六年）

犬塚孝明「在英日本公使館の設置経緯とその変遷――日英外交の舞台裏――」（『政治経済史学』第三三〇号、一九九三年）

――「井上馨の外交思想――『泰西主義』の論理とその展開――」(Ⅰ)(Ⅱ)（『政治経済史学』第三六六号・第三六七号、一九九六年―九七年）

――「黎明期日本外交と鮫島尚信」（『鮫島尚信在欧外交書簡録』、思文閣出版、二〇〇二年）

――「森有礼の外交思想――条理外交の論理とその展開――」（『明治国家の政策と思想』、吉川弘文館、二〇〇五年）

内山正熊『神戸事件――明治外交の出発点――』（中央公論社、一九八三年）

大澤博明「天津条約体制の形成と崩壊――一八八五～九四――」㈠㈡（『社会科学研究』第四三巻第三号・第四号、一九九一年）

――「明治外交と朝鮮永世中立化構想の展開――一八八二～八四――」（『熊本法学』第八三号、一九九五年）

岡　義武『黎明期の明治日本――日英交渉史の視覚において――』（未来社、一九六四年）

外務省百年史編纂委員会編『外務省の百年』上巻（原書房、一九六九年）
唐木順三『歴史の言ひ残したこと』（新潮社、一九七八年）
信夫清三郎編『日本外交史一八五三―一九七二』I（毎日新聞社、一九七四年）
高橋秀直『日清戦争への道』（東京創元社、一九九五年）
田保橋潔『近代日鮮関係の研究』上巻（朝鮮総督府中枢院、一九四〇年）
永井秀夫『明治国家形成期の外政と内政』（北海道大学図書刊行会、一九九〇年）
――「鹿鳴館と井上外交」（『北海学園大学人文論集』第二号、一九九四年）
ハロルド・ニコルソン『外交』（東京大学出版会、一九六八年）
広瀬靖子「井上条約改正交渉に関する一考察」（『近代中国研究』第七輯、一九六六年）
藤原明久『日本条約改正史の研究――井上・大隈の改正交渉と欧米列国――』（雄松堂出版、二〇〇四年）
三上昭美「外務省設置の経緯――わが国外政機構の歴史的研究(1)――」（『国際政治』第二六号、一九六四年）
――「太政官制下における近代外政機構の形成」（『中央大学文学部紀要』第三六号、一九六四年）
三谷太一郎『増補日本政党政治の形成――原敬の政治指導の展開――』（東京大学出版会、一九九五年）
宮田　章『霞ヶ関歴史散歩――もうひとつの近代建築史――』（中央公論新社、二〇〇二年）
山本　茂『条約改正史』（高山書院、一九四三年）
横山俊夫「フレデリック・マーシャルと鮫島尚信」（前掲『鮫島尚信在欧外交書簡録』）

著者紹介

一九四四年、神奈川県に生まれる
一九六八年、学習院大学経済学部卒業
　文学博士（法政大学）
現在、鹿児島純心女子大学国際人間学部教授
主要編著書
森有礼　寺島宗則　明治維新対外関係史研究
明治国家の政策と思想（編著）　ニッポン青
春外交官　明治の若き群像（共著）

歴史文化ライブラリー
280

明治外交官物語
鹿鳴館の時代

二〇〇九年（平成二十一）十月一日　第一刷発行

著　者　犬《いぬ》塚《づか》孝《たか》明《あき》
発行者　前田求恭
発行所　株式会社 吉川弘文館
東京都文京区本郷七丁目二番八号
郵便番号一一三―〇〇三三
電話〇三―三八一三―九一五一〈代表〉
振替口座〇〇一〇〇―五―二四四
http://www.yoshikawa-k.co.jp/
印刷＝株式会社平文社
製本＝ナショナル製本協同組合
装幀＝清水良洋・渡邉雄哉

歴史文化ライブラリー

1996.10

刊行のことば

現今の日本および国際社会は、さまざまな面で大変動の時代を迎えておりますが、近づきつつある二十一世紀は人類史の到達点として、物質的な繁栄のみならず文化や自然・社会環境を謳歌できる平和な社会でなければなりません。しかしながら高度成長・技術革新にともなう急激な変貌は「自己本位な刹那主義」の風潮を生みだし、先人が築いてきた歴史や文化に学ぶ余裕もなく、いまだ明るい人類の将来が展望できていないようにも見えます。このような状況を踏まえ、よりよい二十一世紀社会を築くために、人類誕生から現在に至る「人類の遺産・教訓」としてのあらゆる分野の歴史と文化を「歴史文化ライブラリー」として刊行することといたしました。

小社は、安政四年（一八五七）の創業以来、一貫して歴史学を中心とした専門出版社として書籍を刊行しつづけてまいりました。その経験を生かし、学問成果にもとづいた本叢書を刊行し社会的要請に応えて行きたいと考えております。

現代は、マスメディアが発達した高度情報化社会といわれますが、私どもはあくまでも活字を主体とした出版こそ、ものの本質を考える基礎と信じ、本叢書をとおして社会に訴えてまいりたいと思います。これから生まれでる一冊一冊が、それぞれの読者を知的冒険の旅へと誘い、希望に満ちた人類の未来を構築する糧となれば幸いです。

吉川弘文館

〈オンデマンド版〉
明治外交官物語
鹿鳴館の時代

歴史文化ライブラリー
280

2019年（令和元）9月1日　発行

著　者　犬《いぬ》塚《づか》孝《たか》明《あき》
発行者　吉川道郎
発行所　株式会社　吉川弘文館
〒113-0033　東京都文京区本郷7丁目2番8号
TEL　03-3813-9151〈代表〉
URL　http://www.yoshikawa-k.co.jp/

印刷・製本　大日本印刷株式会社
装　幀　清水良洋・宮崎萌美

犬塚孝明（1944～）

ISBN978-4-642-75680-8